ちくま学芸文庫

# 自由の哲学

ルドルフ・シュタイナー

高橋 巖 訳

目次


一九一八年の新版のためのまえがき 9
初版の第一章 あらゆる知識の目標 15
第一部 **自由の科学** 23
第一章 人間の意識的行為 25
第二章 学問への根本衝動 39
第三章 世界認識に仕える思考 49

第四章　知覚内容としての世界　73
第五章　世界の認識　97
第六章　人間の個体性　123
第七章　認識に限界はあるのか　131

第二部　自由の現実——155

第八章　人生の諸要因　157
第九章　自由の理念　165
第一〇章　自由の哲学と一元論　193
第一一章　世界目的と生活目的——人間の使命　205
第一二章　道徳的想像力——ダーウィン主義と道徳　213
第一三章　人生の価値——楽観主義と悲観主義　229

第一四章　個と類　263

第三部　**究極の問いかけ**　269

第一五章　一元論の帰結　271

付録　285

訳者あとがき　303

文庫版のための訳者あとがき　313

自由の哲学——或る近代世界観の根本思想　自然科学の方法による魂の観察成果

# Die Philosophie der Freiheit

Grundzüge einer modernen Weltanschauung
Seelische Beobachtungsresultate
nach naturwissenschaftlicher Methode

## 一九一八年の新版のためのまえがき

人間の魂は二つの根本問題を抱えている。これから本書が扱うすべては、この二つの問いとの関連で論じられることになる。問題の一つは、われわれが人間の本性を考察する場合、いくら体験や学問を深めていっても、それだけでは十分に解明できない事柄にどうしても行き着いてしまうが、そういう事柄のすべてにも有効な考察方式が一体存在するのか、ということである。懐疑論や批判主義はこの問題を解決不可能な領域に追いやっている。もう一つは次のような問題である。意志する存在である人間は自分を自由だと見做すことができるのか、それともそのような自由があるように思えるのは、自然の現象だけでなく、人間の意志をも支配している必然の糸を、人間が見落としているからなのか、自由とは単なる幻想なのか。この問いは、決して遊び半分に頭で考え出された観念の産物ではない。この問いは認識する魂の前に、ごく自然に現れてくる。意志には自由があるのか、それとも意志には必然しかないのか。もしわれわれの魂ができる限りの真剣さでこの問いの解決を求めて努力しようとしないなら、その魂は自分の本質のどこかに欠陥があると感じないわけにはいかないであろう。この二つの根本問題の中の第二の問いを通してどのような体験を持つかは、第一の問いにどう対処するかによって定まる。このことが本書の中で示される筈である。本書は、人間本性を考える上で、第二の問いにも答えてくれるような、ひとつの観点が存在することを証明しようとする試みである。更にまた、この観点に立って意志の自由を完全に是認しうるためには、まずはじめに、意志が自由に生きられる魂の領域を見つけ出さねばならないことをも示唆しようと試みられている。

二つの問いに関わるこの観点を一度手に入れることができたなら、それは魂を活気づける力になる。単なる理論的な解答だけが与えられ、確信だけが記憶として後に残るというのではない。本書の基本的な考え方からいえば、そのような理論的な解答は見せかけの解答にすぎない。出来上がった解答を与えることではなく、魂の或る体験領域を示唆することが大切なのである。いつも、その都度必要に応じて、内なる魂の中から新しく解答を見出すことができるためにである。これらの問いの存在を自分の魂の領域の中に見つけ出すことのできた人は、その領域を深く洞察することによって、人生のこの二つの謎を解くのに必要な鍵を手に入れるであろう。そしてさらに、それによって謎に満ちた人生そのものに拡がりと深みとを与えることもできるであろう。運命が人生のそのような拡がりと深みを求めている。――認識とは本来そのような在り方をしている。人間の魂のすべてのいとなみに深く関わる認識の在り方こそが、その認識の正当性と有効性とを証明しているとも言えるのである。

今から二十五年前に本書を書き下ろした当時、私はその内容を以上のように把握していた。今日でも、本書の目標とするところを述べようとすれば、同じ内容を述べるに違いない。当時の私は、上に述べた二つの根本問題と厳密な意味で関連しているような事柄だけに論述を限り、それ以上のことは何も言わないように努めた。私のその後の著書の中に述べられている霊的な経験領域について、本書が何も示唆しようとしていないことを訝しく思う読者がいるかも知れない。けれども当時私は霊学研究の成果ではなく、そのような成果をしっかりと支えてくれるような土台をまず築こうとしていたのである。この「自由の哲学」は霊学研究の個々の成果についても、また自然科学研究の個々の成果についても何も述べていない。しかしここに述べられている事柄は私の考えでは、そのような諸研究を確実なものにしようと努める人にとって、欠くことのできぬものとなるであろう。ここに述べられている事柄は、何らかの理由から、私の霊学研究の成果に何の興味をも示そうとしない人にとっても、受け容れることのできるものであろう。そして霊学研究の成果に関心を持つことのできる人にとっても、それは重要な意味を持ち得る筈である。なぜなら、すべての認識の根底にあるあの二つの根本問題に偏見を持たずに取り組みさえすれば、人間が本当に霊界の中に生きていると悟ることができるようになるからである。本書が試みているのは、霊的経験を持つ以前にも霊界の認識が可能である、と証明することなのである。そしてそのことの正当性を示すのに、その後私が提示した霊的経験を顧慮する必要はまったくない。本書の論述の仕方そのものに関わっていくことができさえすれば、ここに述べられている事柄は受け容れられる筈である。

本書は、確かに或る面では、私の霊学上の著述とはまったく離れたところに立っているように見える。けれども別な面から言えば、本書はそれらの著述とこの上なく密接な関係を持っているとも言えるのである。だからこそ二十五年経った今、本書の内容を本質的にはほとんどまったく変えることなく、再び出版することにしたのである。ただほとんどすべての章に亘って、詳しい補遺を付け加えた。私の述べた事柄に対するさまざまの誤解がこのような詳細な補足の必要を感じさせたのである。四半世紀前に述べようとした内容が今日の眼から見て十分に意を尽くして述べられていないと思われた部分に限って、そこに変更が加えられた。(そのような加筆訂正の中に私の立場の基本的な変化を見ることができると言おうとすることは、ただ悪意からしか可能ではないであろう。)

本書はすでにかなり以前から品切れになっていた。今述べたように、私は二十五年以前に本書で扱った問題を今日もまったく同じように表現できると考えているが、それにも拘らず、長いこと私は本書の新版を出すのに躊躇を感じ続けてきた。もしそうするのなら、その新版の中でその後出版された数多くの哲学書を取り上げ、それらの見解についての私の立場を明らかにすべきではないか、と繰り返し考え続けた。しかし自分の望む通りにそうできる時間の余裕が現在の私に課せられた霊学研究の中からは見出せなかった。とはいえ私は現代哲学の研究状況をできるだけ徹底して考察しようとしてきた。そしてその結果確信できたのは、現代哲学の諸方向と対決すること自体がどれ程魅力的な課題であるにせよ、本書が述べようとする事柄のためには、それらの方向を本書の中に取り入れても本質的な意味を持つことにはならない、ということだった。「自由の哲学」の基本的な観点から見て、最近の哲学の諸方向について何か述べる必要があるとすれば、それは私の『哲学の謎』第二巻の中に見出せるであろう。

一九一八年四月

ルドルフ・シュタイナー

## 初版の第一章　あらゆる知識の目標

われわれの時代の特質を正しく言い当てようとするならば、現代は人間の個体の崇拝をあらゆる関心の中心に据えようとしている、と言うことができよう。どんな形であれ、一切の権威の克服が力の限り求められている。個性を根拠にしているものだけが、有効と認められる。個人の能力の完全な展開を妨げるものはすべて排除される。「人間はそれぞれ自分でオリムポス山登攀の先達になってくれる英雄を選ばねばならない」という言葉は、もはやわれわれには当てはまらない。どんな理想といえどもわれわれを抑圧することはできない。十分に深く自分の本性の根底にまで降りてゆくことができるならば、われわれひとりひとりの内部には高貴であり、価値あり、発展するにふさわしい何かが必ず存在している、と確信することができる。すべての人が追従しなければいけないような人間が存在するなどと、われわれはもはや信じていない。完全な全体はひとりひとりの個体の独自の完全さの上に成り立っているものでなければならない。われわれが作り出そうと望んでいるのは、別な誰かにもできるような何かではなく、われわれの存在の独自性に従って、ただわれわれだけに可能なような何かなのである。そのような何かがささやかな寄与として宇宙進化に組み込まれていくべきなのである。今日ほど芸術家たちが芸術の規範や規則について何も知ろうと望まなくなった時はない。誰もが自分に固有のものを芸術的に形成する権利があると主張している。文法が要求する通りの正しい標準語で書くことよりも、方言で書くことの方が好ましい、と考える劇作家たちもいる。

このような現象を表現するのに最もふさわしい言葉は、「これらの現象は個体の最高度に高められた自由衝動から生じている」であろう。われわれはどんな方向においても従属的でありたいとは思わない。どうしても従属的でなければならないとしたら、われわれの個体の生存に関わるようなときにのみ、それに耐えようと思う。

このような時代には真理もまた人間存在の深みの中だけから取り出されることを望んでいる。よく知られているように、シラーは二つの道について語っている。

わたしたちふたりは真理を求める。
あなたは外なる人生の中で、わたしは内なる心の中で。
そして銘々がそれを見出す。
眼が健全であれば、その眼は外で造物主に出会う。

心が健全ならば、その心は内部に宇宙を映し出す。

この二つの道のうち、現代は特に第二の道を役立たせようとしている。外からやってくる真理は常に不確かさの刻印をあらわしている。われわれひとりひとりの内部に真理として現れるものだけを、われわれは信じようとしている。

われわれ自身の個的な能力の発展の中で、真理だけがわれわれに確かさをもたらしてくれる。懐疑に陥っている人の能力は麻痺している。謎としか思われぬ外なる世界の中では、創造行為の目標を見出すことができない。

われわれはもはや信じようとは思わない。知りたいと思う。信仰は、われわれ自身によっては完全に洞察できないような真理を、承認するように求める。けれども見通すことのできぬものは個体の要求に逆らう。個的なものはすべて自分の最も深い内なるものに従って生きようと望む。ただ知ることだけがわれわれを満足させてくれる。それはどんな外的な規範にも服従せず、人格の内なる生活から生み出されてくる。

凍りついてしまった学則の中で作り上げられた知識も欲しいとは思わない。あらゆる時代に当てはまるようなハンドブックの中にしまい込まれた知識も同様である。ひとりひとりが手近な経験から、直接的な体験から出発して、そこから宇宙全体を認識するところまで上っていくことを可能にしてくれるすべてのものを正当なものと認める。われわれは確かな知識を得ようと努めるが、それぞれが独自な仕方でそうするのである。
また、われわれの学説は、もはやそれを認知することが無条件の強制を伴うような形を取ってはならない。われわれは学問上の著述にかつてフィヒテが選んだ次のような標題を与えようとは思わない。すなわち「最近の哲学の本質についての一般大衆のための太陽のように明瞭な報告。読者に理解を強要する試み」。今日では誰も理解を強要されたいとは思わない。われわれも本当に知りたいと思っていない人に、知らせようなどとは思わない。現代人であるわれわれは、まだ未熟な子どもにさえも、特定の認識内容を植えつけようなどとはしない。ただ子どもの能力を発達させようと望む。そうすることで、その子が理解を強要されることなく、理解したいと望むようになるためにである。

自分の時代のこの性格づけに関して、私は決して幻想を持っているわけではない。個性を失った紋切り型がどれ程多くまかり通っているか、よく知っている。けれどもまた、同時代人の多くがこれまで述べてきた方向で人生を開拓しようと努めていることもよく知っている。このような人たちにこそ本書を捧げたいと思う。本書は真理への「ただ一つの可能な」道を示そうとするのではない。真理を求め続ける人のための進むべき道について物語ろうとしている。

本書は最初、抽象的な領域に入っていく。そこでは思考内容が鋭い輪郭づけを受けなければならず、それによって確実な点に到らねばならない。しかし読者はこのひからびた諸概念から具体的な人生の中へも導かれる。人生のあらゆる方向を生きようと望むならば、抽象化というエーテルの国の中へも入っていかざるを得ない、というのが私の立場なのである。感覚で享受できるものだけを享受しようとする人は人生の美味を知らない。東洋の学者は弟子に最初の数年間、断念と禁欲の生活を送らせる。そしてその後になってはじめて、自分の知っている事柄を伝える。西洋の学問はそのような畏敬の行も苦しみの行も、もはや要求しないが、その代わり善き意志と、僅かな間でも生活の生まな印象から離れて、純粋な思考世界の領域へ赴くことを要求している。

人生には数多くの領域がある。その一つ一つの領域のために特殊科学が発達を遂げている。しかし人生そのものはひとつの統一体であり、個別領域の中で深化していこうと努めれば努める程学問は生きた世界全体の認識から離れていく。再び人間に充実した人生を返してくれる諸要素を個別科学の中に求めようとする知の在り方が必要である。専門的な研究者は認識内容を通して、世界の諸活動を意識化しようと望んでいる。本書は、学問それ自身が有機的に生きいきとならなければならない、という哲学的な目標を掲げる。個別科学は本書が求める学問の前段階に立っている。芸術にも同じような状態が見られる。作曲家は作曲法の基礎の上に立って仕事をする。作曲法というのは、知識のひとつの総体であり、それを所有することが作曲上の必要な条件となっている。作曲するとき、作曲法の諸規則は人生という現実に仕えている。それと同じ意味で哲学もひとつの芸術である。真の哲学者はすべて概念芸術家であった。彼等にとって人間の諸理念は芸術素材になり、学問の方法は芸術技法になった。このことを通して、抽象的な思考は具体的で個的な生命を獲得する。理念は生命力となる。その時、われわれは事物についての知識を持つだけでなく、その知識を自立した、生きた有機体にまで作り上げたのである。われわれの活動的な現実意識はもっぱら受動的に真理を受け容れる以上の課題を背負っている。

芸術としての哲学が人間の自由とどのような関係を持つのか、人間の自由とは何か、われわれは自由を持っているのか、あるいは自由になることができるのか、これらが本書の主要問題である。それ以外のすべての学問上の問題は、人間にとって最も身近なこれらの問題の解明に役立つ限りにおいてのみ取り上げられる。ひとつの「自由の哲学」が以下の紙面の中で描かれる筈である。

すべての学問は、もしそれが人格の存在価値を高めるために努力するのでなければ、無用な好奇心の満足に役立つものでしかないであろう。学問が本当の価値を持つのは、その成果が人間存在にとって意味あるものとなったときである。魂の個々の能力を高めることではなく、われわれの中にまどろんでいるすべての能力を発展させることが個体の究極目的なのである。知ることは人間本性全体のあらゆる面での発展に寄与するときにのみ、価値を持つ。

それ故本書は、人間が理念に頭を下げるべきであるとか、人間の能力を理念のために奉仕させるべきであるとかと主張するつもりはなく、人間が理念界を自分のものにして、単なる学問的な目標を越えた人間的な目標のためにこれを用いることができるように、学問と人生との関係を考察するのである。

われわれは自らを主人として理念に対置させなければならない。そうでないと自分を理念の奴隷にしてしまうことになる。

# 第一部　自由の科学

# 第一章　人間の意識的行為

人間の思考と行為は自由であるのか、それとも必然という鉄の掟に縛られているのか。この問いくらい多くの鋭い洞察力が向けられてきた問いはめったにない。自由の理念は、数多くの熱心な信奉者と共に、数多くの頑固な否定論者をも見出してきた。或る人々は倫理的な情熱をかけて、自由という明白すぎるくらい明白な事実を否定できるのは、偏狭な精神の所有者以外には考えられない、と言明する。一方別の人々は、自然の合法則性が人間の行為と思考の領域の中では例外的に通用しなくなると信じようとすること以上に非科学的な態度は考えられないと思っている。つまりまったく同一の事柄が、一方では人類最高の財宝であると見做され、他方ではひどく間違った幻想とされている。一体、どのようにして人間の自由は自然の働きと折り合いをつけているのか。人間も同じ自然の一部分なのではないのか。この点をめぐって、数限りない論議が闘わされてきた。そして他方では、折り合いがついているかのような妄想がどうして生じ得たのかを明らかにする努力も、熱心になされてきた。ここには人生と宗教の、そしてまた認識と実践の最も重要な問いの一つが提出されている。そのことを、どんな人も感じ取ることができる。しかし首尾一貫した態度をとろうとしない人は別である。実際、現代の思考方式の持つ浅薄さを悲しいまでに表現している場合も見られる。例えばダーヴィト・フリードリヒ・シュトラウスの『古い信仰と新しい信仰』は、近年の自然科学研究の成果に基づくひとつの「新しい信仰」を打ち建てようとしているのであるが、この書物はわれわれの問いについて次のような一節以外の何も示してはくれない。――「人間の意志の自由の問いについて、ここで立ち入った検討を加えようとは思わない。いわゆる公平な選択の自由は名をあげるに価するどんな哲学によっても、常に実体のない幻想と見做されてきた。人間の行動や信念の倫理的な価値は、このような意志の自由の問いとは無関係なところで定められるのである」。――この書物が重要な意味を持っているから、そこに含まれたこの一節を引用したわけではない。われわれの同時代の大多数がこの問題を考える際によく持ち出してくる意見が典型的に示されている、と思えたから引用したまでである。確かに彼の言うように、二つの可能な行為のうちのいずれかをまったく好き勝手に選べたとしても、それだけではまだ自由であるとは言えない。しかし、そんなことは学問の上で幼児用の靴がもはやはけないところまで成長してきたと思っている現代の大人たちなら、誰でも知っている筈である。特定数の可能な行為のうちのどれか一つを選び取ることができるためには、何らかのはっきりした理由がある筈だ、と人は考えるのである。

そう考えるのは当然のことのように思える。ところが今日まで、「自由」の敵対者からの攻撃は主としてこの選択の自由ということに向けられてきた。現在、日毎に共鳴者を増やし続けている立場の主張者であるハーバート・スペンサーもまた、この点について次のように述べている。「けれども誰でもが好き勝手に望んだり望まなかったりすることができるということ、このことは意志の自由という教義《ドグマ》にとっての大前提というべきものであるが、それは当然のことながら、意識の分析によっても、これまでの論述の結果からいっても、否定されねばならない」(『心理学原論』B・フェッター博士の独訳版 シュトゥットゥガルト一八八二年)。意志の自由という概念を否定しようとする他の論者達もまた、同じような観点から出発している。このような論法のすべてはすでにスピノザの場合に萌芽として見出される。スピノザが簡単明瞭な仕方で自由の理念に対して行った批判は、その後も数限りなく繰り返されてきた。ただ大抵の場合、この上なく巧みな理論で武装されているので、本来の単純な論拠を見通すのが困難になっているだけなのである。スピノザは一六七四年の十月か十一月の書簡の一つで、次のように書いている。「私が或る事柄を自由であると言うのは、その事柄の本質が必然的に成り立っており、その必然性に従って行動がなされている場合です。強制されていると私が呼ぶのは、事柄がその事柄とは別な何かによって厳密、精確な仕方で存在させられ行動させられている場合です。ですから例えば神は必然的であるにも拘らず、自由です。なぜなら神はもっぱら自分の本性の必然性だけから成り立っているのですから。同様に神は自分並びに一切の他者を自由に認識しています。なぜなら神がすべてを認識するということは、神の本性の必然性に由来することなのですから。このような理由で、私が自由というものを何らかの自由な決断の中にではなく、自由な必然性の中においていることを、お認めになるでしょう」。

「とはいえわれわれは神のもとに留まらずに、被造物のところにまで降りていきたいと思います。つまりすべてが外からの原因によって厳密、精確な仕方で存在しかつ作用するように規定されている事物の世界にまでです。このことを明瞭に洞察するために、まったく単純な事柄の例を一つ取り上げてみましょう。例えば一個の石が外から加えられた原因によって特定の運動を始めたとします。石は、外的原因である衝撃力がやんだ後でも、その運動を続けざるを得ないでしょう。そのように運動し続ける石の態度は強制されたものであっても、必然的なものではありません。なぜならその態度が外的原因である衝撃によって決定づけられているからです。この場合について言えることは、他のすべての事物についても言えます。たとえどれ程複雑に構成され、どれ程多くのことに役立っているとしても、すべての事柄は必然的に外的な原因によって、厳密、精確な仕方で存在し、作用するように規定されているのです」。

「さて、どうぞここで、この同じ石が運動しながら、自分は今、可能な限り運動し続けようと努力している、と意識的に考えている、と仮定してみて下さい。この石は自分が努力していることを意識しており、決していい加減な態度をとっているわけではありませんから、自分のことをまったく自由であり、自分がそれを望んでいるからこそ、ただそれだけの理由で運動し続けているのだ、と信じることでしょう。そしてまさにこのことこそがあの人間の自由なのです。人間は皆そのような自由を持っていると主張しています。しかしその自由は人間が自分の望んでいることを意識している、というだけのことであり、自分を規定している原因については何も分っていない、という自由なのです。同じ意味で幼児は自由にミルクを欲しがることができると思っています。そして怒りっぽい少年は自由に仕返しをしてやろうと思い、臆病者は自由に逃げ出せると思っています。さらにいえば、酔っぱらいは酔いが醒めたときなら口にしたがらないような事柄を、自由な決意に従って語っている、と思っているのです。このような思い込みがすべての人間には生まれつき備わっているものですから、その思い込みから抜け出すことは決して容易ではないのです。実際、欲望を制御するのがとても難しく、より良いことを認識できても、激情に駆られれば、つい悪い行動に走ってしまう、ということを経験がどれ程教えてくれていても、依然として人間は自分を自由だと見做しているのです。それというのも、人間は或る種の事柄についてはそれ程欲望を持たないですみますし、欲望を持ったとしても、これまでの経験を思い出すことで、容易にそれを制御できるからです」。

ここでは明確にひとつの観点が語られているので、そこに含まれた根本的な誤謬を見つけ出すことも容易である。衝撃を受けた後、特定の方向へ向かって運動することが石にとっては必然であるように、人間も何らかの理由によって必然的な行動に駆り立てられる。ただ人間は、自分の行動についての意識を持っているので、自分を自由な誘因であると見做している。けれども自分が無条件に従わねばならない原因によって行動していることを人間は忘れている。そうスピノザは語るのである。この論旨に含まれた誤謬はすぐ発見できる。スピノザも、スピノザと同じように考えるすべての人も、人間が自分の行為についての意識を持つだけではなく、自分を行動に駆り立てる原因についての意識を持つこともできる、という点を見過ごしている。子どもがミルクを欲しがるとき、その子どもに自由がないということに、どんな人も疑問を持たないであろう。また酔っぱらって、後で後悔するような何かをしゃべってしまった人のことも、自由ではないと思うであろう。いずれの場合も、子どもも酔っぱらいも、自分の肉体の深いところにあって、抵抗し難い力で自分を支配している「原因」については何も知らないでいる。一体、自分の行動だけでなく、その行動の原因についても意識しているときの行為とこの種の行為とを混同してしまってもよいのか。人間の行為はいつも同じようなものなのか。戦場で戦う戦士や実験室で研究する科学者や複雑な外交問題を処理する政治家が、ミルクを欲しがる子どもと同じ認識の対象として扱われてもよいのか。確かに課題を解決しようとするときには、最も単純な事柄に即して考えてみるのが一番よいであろう。けれどもその際にも、区別する能力が欠除していれば、無限の混乱を惹き起こすだけである。そしてそのような基本的な区別の一つは、なぜ自分がそうしようとするのかを知っているか、知っていないかということである。この区別は一見、まったく自明のことのように思える。にも拘らず、自由を否定しようとする人が常に無視してきたのは、私が行動の動機を認識し洞察している場合にも、その動機が、ちょうどミルクを欲しがる子どもの肉体的な要求と同じ意味で強制となっているのかどうかを問うことなのである。

エドゥアルト・フォン・ハルトマンは『道徳意識の現象学』（四五一頁）の中で、人間の意志は二つの大きな要因に依存している、と主張している。つまり動機と性格という二大要因である。人間は皆同じだと考えたり、そうでないにしても相互にそれ程の違いはないと考えたりする場合には、人間の意志の在り方もまた、外的な諸事情によって左右されているように思える。けれどもいろいろな人が同じ表象を持ったとき、性格次第でその表象に留まり続けることもあれば、その表象から欲求を生じさせ、さらにそれを行動の動機にすることもある。このことを考えてみれば、人間は内から規定されているのであって、外から規定されているのではないように思える。そのようなとき、内なる性格に従って、外から与えられた表象を動機にするのだから、自分は自由だ、自分は外的な動機に依存してはいないのだ、と人びとは信じている。けれどもエドゥアルト・フォン・ハルトマンによれば、「われわれが表象を動機にまで高めるのだとしても、そのことをわれわれは性格学的素質の必然に従って行うのであって、勝手に行うわけではない。だからわれわれは決して自由であるとは言えない」。この文章においてもまた、私が動機を意識的に把握した後でその動機に従う場合と、動機をはっきりと意識することなしにそれに従う場合とを全然区別していない。

そしてこのことが直ちに、事柄の本質を明らかにしてくれる観点にまでわれわれを導いてくれる。一体われわれは意志の自由への問いを一方的に単独で立てることが許されるのか。もし許されないとすれば、どのような問いと結びつけて問われねばならないのか。私の行動の意識的な動機と無意識的な衝動との間に区別があるとすれば、前者は盲目的な衝動による行為とは別様に評価されるべき行為を生じさせるであろう。最初にこの区別が問われなければならない。本来の自由への問いをどのように立てるべきかは、この問いの結果にかかってくる。

自分の行動の根拠を知っているとは何を意味するのか。この問いが一般にあまり顧慮されずにいたのは、人間という本来分けられない全体を常に二つの部分に分けてきたからに他ならない。人びとは人間を、行為する人間と認識する人間とに区別してきた。認識を通して行為する人だけがそのような区別を立てなかった。

人間は動物的な欲望の支配下にではなく、理性の支配下に立つときにのみ自由である、と言われている。あるいは、自由とは生活や行動を目的や決意に従わせることだ、とも言われている。

しかしこのような主張からは何も出てこない。なぜなら問題は理性や目的や決意も動物的な欲望と同じ仕方で人間を強制するのかどうかなのだからである。もし理性的な決意が、ちょうど飢えや渇きと同じ必然性をもって、私の中に生じるのだとすれば、私はひたすらそれに従うことしかできず、私の自由は幻想にすぎなくなる。

別な言い方もある。自由とは欲することを欲することができるということではなく、欲することを行うことができるということだ、というのである。詩人で哲学者のロバート・ハーマーリングは『意志の原子論』の中で、どぎつい表現でこのような考え方を展開している。「勿論人間は欲することを行うことはできる。しかし人間は欲することを欲することはできない。なぜなら、人間の意志は動機によって規定されているからである。しかし欲することを欲することができないなどと言えるのだろうか。もう一度この言葉を考えてみよう。そこに筋の通った意味が含まれているのだろうか。根拠も動機もなしに何かを欲することができたとしたら、そこに意志の自由がある、というのだろうか。しかし意志とは、或る事柄を別の事柄以上に好んで行おうとする根拠を持つこと以外の何かであり得るのか。根拠も動機もなしに何かを欲するとは、それを欲することなしに何かを欲することではないのか。意志の概念と動機の概念とは不可分に結びついている。特定の動機がなけければ、意志は空虚な能力になってしまう。意志は動機によってはじめて現実的なものになり、活力あるものになる。したがって、人間の意志の方向が常に動機の中の最も強力な動機によって左右されている限り、人間の意志には自由がない、というのはまったく正しい。けれどもこの「不自由」に対して、その一方で、欲しないことを欲することができる意志の「自由」が考えられる、と説くことも馬鹿げたことだと言わねばならないだろう」(『意志の原子論』第二巻二一頁以下)。

ここでもまた、一般的な動機についてしか語られておらず、無意識と意識との相違が顧慮されていない。もしも動機の中の最も強力な動機に私が従わされているだけなのだとすれば、自由について考えることは何の意味も持ち得なくなる。私が特定の動機によって行為せざるを得なくされているのだとすれば、何かを行うことができるかできないかを考えることに一体どんな意味があるというのか。動機が私に働きかけたときには、私にできることがあるかどうかではなく、その動機が必然的な強制力をもって働きかけてくるかどうかがまず問題になるのである。もし何かを私が欲せざるを得ないとすれば、私がそれを行うことができるかどうかは、要するにどうでもいい事柄になってしまう。もし私の性格の故に、あるいは私の境遇を支配している事情の故に、不合理だと思わざるを得ないような動機に私が駆り立てられているとすれば、欲することを行えないことに、私は喜びさえも感じないわけにはいかないだろう。

問題なのは一度固めた決意を行動に移すことができるかどうかなのではなく、どのようにして決意が私の中に生じるかなのである。

人間と他のすべての生物との相違は、人間の理性的な思考の力に基づいている。活動的であるのは人間に限ったことではない。人間の行動における自由を明確に概念化しようとして、動物界にその類比を求めても、何の役にも立たないのに、近代自然科学はそのような類比を好んで用いている。そして動物の中に人間の行動に似たものが見出せたとき、人間学にとっての最も重要な問いに触れたのだと信じている。このような考え方がどれ程大きな誤解を招くことになるか、パウル・レーの『意志の自由の幻想』（一八八五年）がその良い例を示している。レーは自由に関してこの書（五頁）の中で次のように述べている。「石の運動が必然的に見え、ろばの欲求が必然的でないように見える理由は、簡単に説明がつく。石を動かす原因は外部にあり、眼で見ることができる。しかしろばに何かを欲しがらせる原因は内部にあり、眼には見えない。その原因が働く場所とわれわれとの間には、ろばの頭蓋骨が介在している。……人の眼にはその因果関係が見えないので、そんなものは存在しない、と思っている。だから人は、（ろばの）欲求が向きを変えたことの原因であり、その欲求は無条件的に存在しており、それが絶対的な発端になっている、と説明している」。ここでも、自分の行動の根拠を意識化している人間の行為については何も語られていない。レーは、「その原因が働く場所とわれわれとの間には、ろばの頭蓋骨が介在している」と説明しているだけなのである。しかし行為と行為するわれわれとの間には意識化された動機が存在している。それがろばの行為にはないにしても、人間の行為にはあるということを、レーはまったく考えようとしていない。そのことは今述べた言葉からも推測できるが、さらにその数ページ後になると、彼はもっと決定的にこの点を表明している。――「われわれは、われわれの欲求を条件づけている原因を知覚してはいない。だから欲求が原因によって条件づけられていないと思っている」。

いずれにせよ、自由とは何かを全然知りもしないで、自由の理念に敵対している人の例はいくらでも存在するのである。

どんな行為も、その行為者がなぜそうするのかを自覚していなければ、自由な行為にはなり得ない。それはまったく自明のことである。それでは一体、理由がよく分っている行為と分っていない行為との間にはどんな違いがあるのか。このことを知ろうと思うなら、思考の根源と意味について、あらためて問わなければならない。なぜならわれわれの魂の働きである思考活動を認識することなしには、何かについて知るということ、それ故行為を自覚するということの意味を理解するのは不可能だからである。思考が一般に何を意味するのかを認識するとき、人間の行動にとって思考がどんな役割を演じるのかも明らかになるであろう。「動物にも備わっている魂を精神に作り変えるのは思考の働きである」とヘーゲルも述べているが、この言葉は正しい。その意味で、思考こそが人間の行為に人間らしさの特徴を与えているのである。

われわれの行動のすべてが冷たい知性の判断から生じるべきだ、などと主張するつもりはまったくない。抽象的な判断に基づいた行為だけが最高の意味で人間的な行為になると考えるのは、私とはまったく無縁の立場である。とはいえ、われわれの行動が動物的な欲望充足から一歩でも先へ進めば、直ちにその動機は思考内容と結びつく。愛、同情、愛国心などは、冷たい理解力の範囲内には収まりきれないような行動の動機である。心情こそがそのような行動を惹き起こすのだ、と言われている。確かにそう言える。しかし心情が行動の動機を直接作り出すのではない。それは行動の動機をふまえ、行動の動機を自分の領域内に取り込んでいる。私の意識の中に同情に値する人物の表象が現れたときに、私の心の中には同情が現れる。心情へ到る道は頭を通っているのである。愛もまた例外ではない。愛が単なる性欲の表れでないとすれば、われわれの愛は愛する存在についての表象に基づいている。そして、その表象が理想主義的であればある程、愛はわれわれの心情を充たしてくれる。ここでもまた、思考内容こそが感情の父なのである。愛は愛の対象の弱点を見えなくする、と人は言うかも知れない。しかしこの命題は逆転させることもできる。すなわち愛は愛の対象の長所に対して目を開かせる、と。無数の人たちが何も感じることなく、そのような長所の傍らを素通りしていく。その中のひとりがその長所に眼をとめる。そしてまさにそれ故にこそ、愛が魂の中で目覚める。一体そのような場合、その人は何を行ったのだろうか。多くの人たちが持たなかった表象を、その人だけが持ったのである。他の人たちには表象が欠けていたので、彼らは愛を持たないのである。だから問題を、われわれの望む仕方で扱おうと思う。人間の行動の本質を思考の根源から問い直すことの必要性がますます明らかにされねばならない。だからまず、この問いに向かおうと思う。

# 第二章　学問への根本衝動

ああ俺の胸には二つの魂が住んでいる
その二つが折り合うことなく、互いに相手から離れようとしている
一方の魂は荒々しい情念の支配に身を任せて
現世にしがみついて離れない
もう一つの魂は、無理にも埃っぽい下界から飛び立って
至高の先人達の住む精神の世界へ昇っていこうとする
「ファウスト」第一部（手塚富雄訳）

ゲーテはこの言葉で、人間本性に深く根ざした或る性格の特徴を描いている。人間は統一的に組織化された存在ではない。人間は世界が任意に差し出すものよりももっと多くを求め続ける。自然はさまざまの必需品をわれわれに与えてきた。それらの中には、われわれ自身が積極的に行動しない限り、獲得できないようなものもある。われわれに与えられ

る贈り物は豊かなものであるが、われわれの要求はなおそれを上回っている。われわれは生まれつき充たされぬ状態におかれているらしい。認識衝動もまた、われわれの充たされぬ要求の一つである。一本の樹木を二度眺める機会があったとしよう。一度目は静かなたたずまいを見せて立っている。二度目は枝を激しく揺り動かしている。われわれはこのような観察で満足してはいられない。なぜその木が、ある時は静止しており、別の時には揺れ動いているのか、そうわれわれは問おうとする。そのようにして、自然を眺めるわれわれの心の中に多くの問いが立ち現れる。眼の前のどの現象も、心の中に多くの問いを呼び起こす。眼の前のどの現象も、われわれに問題を課そうとしている。どんな体験もわれわれにとっては謎となる。卵から親に似た動物の姿が現れてくる。そうするとわれわれは、この似ていることの理由を尋ねようとする。ある生物が成長し続けて、特定の成熟段階にまで達したとする。するとわれわれはその過程がどのような条件の下で生じたのかを探究しようとする。どんな時にも、自然がわれわれの感覚の前に拡げてみせる事柄だけでは満足しない。いたるところで、いわゆる事実の説明を求める。

　事物の中に感覚的に直接与えられているものに留まらず、それ以外の余剰の部分をも求めるとき、存在全体は二つに分裂する。そしてわれわれは自分が世界と対立した存在であると知るようになる。自分が世界から独立した存在であると考えるようになる。宇宙が自我と世界の両極として現れてくる。

意識がわれわれの内部を照らし出すや否や、われわれと世界との間に壁が作り上げられる。けれどもわれわれが世界に属しており、自分と世界とを結ぶ絆が存在しており、自分が宇宙外のではなく、宇宙内の存在である、という感情は決して失われない。

だからこそ、その感情は対立に橋を架けようと努力する。人間精神の努力はすべて、この対立の橋渡しの行為に他ならない。精神生活の歴史は、われわれと世界の統一性の探求史である。宗教も芸術も科学も、この目標を追求している。信心深い宗教家は、単なる現象の世界に満足しきれずにいる自我のために、世界の謎を解く鍵を神の啓示の中に求める。芸術家は素材の中に自我の理念を刻み込み、それによって自分の内部に生きて働くものを外界と宥和させるようにする。芸術家もまた、単なる現象の世界だけでは十分な満足が得られないと感じている。だから現象界を越えて、自分の自我が隠し持っているあの余剰の部分を、美的形式を通して現象界に組み込もうとする。学者は、さまざまの現象の諸法則を知るために、観察し、経験するものを、思考を通して見通しのきくものにしようと努める。実際、世界内容をわれわれの思考内容に作り変えることができたならば、そのときはじめてわれわれが失ってしまった内と外との関連を再び見出すであろう。後の章で明らかにするように、この目標が達成されるためには、学問研究の課題を普通以上に深く把握しなければならない。以上に述べてきた事柄のすべては世界史的な拡がりの中でも、一元論と二元論、もしくは統一的な世界把握と世界を原理的に二分化する理論との対立として現れている。二元論は人間の意識によって生み出された自我対世界の対立だけに眼を向ける。二元論の考え方はすべて、精神対物質、主観対客観もしくは思考対現象という対立を宥和させようとする無駄な努力なのである。二元論は二つの世界に橋を架けねばならないという感情を持ってはいるが、そのような橋を見出せないでいる。人間は自分を「自我」として体験するとき、この「自我」を精神の側において考えて、そしてこの自我に世界を対比させるときには、この世界を感覚的な知覚の世界、つまり物質的な世界と考えている。この結果、人間自身が精神と物質の対立の中に引き込まれる。人間の身体が物質界に属していることを考えれば考える程、そうならざるを得ない。「自我」は精神界の一部分であり、感覚によって知覚される物質上の事象は「世界」に属する。精神と物質に関わるすべての謎は、人間存在そのものの基本的な謎でもある。一元論は眼差しをもっぱら統一性に向け、眼の前にある対立を否定もしくは抹消しようと試みる。この二つの立場はそのいずれも満足を与えてはくれない。なぜなら両者共に事実に即してはいないからである。二元論は精神（自我）と物質（世界）とを根本的に異なる二つの本質存在と考えている。それ故どうしてこの両者が互いに働きかけを行えるのか理解できない。精神が物質の本性とまったく異質のものだとすれば、その精神が物質の中で生起する事柄をどうして知ることができるのか。どうして物質に働きかけて、いわば意図を行為に変えることができるのか。このような問いを解くために、この上なく合理的な仮説やこの上なく不合理的な仮説が積み重ねられてきた。一元論の場合もまた、今日に到るまで、事情はそれと大して変わってはいない。これまで一元論は三つの仕方で自己救済策を講じてきた。第一に精神を否定して唯物論になった。第二に物質を否定して唯心論に救済を求めた。そして第三にどんな単純な宇宙存在の場合にも、物質と精神は分ち難く結びついており、したがって人間の中でこの二つの存在方式が分けられずに現れてもまったく驚くには当たらない、というのである。

唯物論は世界について決して満足のいく説明をつけることができない。なぜならどんな説明の試みも、世界の諸現象を思考内容にすることから始めなければならないからである。したがって唯物論も物質、あるいは物質的諸経過の思考内容から始める。けれどもそれと共にすでに二つの異なる事実領域が生じてしまう。すなわち物質世界とそれについての思考内容とである。唯物論はこの思考内容をも純物質的な経過にしようと試み、消化器官の中で消化活動が行われるような仕方で、思考活動が脳の中で行われると考える。唯物論は物質が機械的あるいは有機的な作用力を持ち、その同じ作用力が特定の条件の下では思考能力にもなる、と信じている。けれども問題が別な場所に移されただけなのだ、ということには気がつかない。唯物論は思考の能力を自分の能力から物質の能力へ転化している。そしてそれと共に再び出発点の問いに立ち返っている。すなわち、物質はいかにして物質自身の本質を考察するのか。なぜ物質は単純に自分に満足して、自分をそのままにしておこうとはしないのか。唯物論者はわれわれ自身の自我という特定の主観から眼をそらして、思考する物質という不明確で曖昧な構成物にまで辿りついた。しかしそこでも同じ謎がまた浮かび上がってくる。唯物論的な見方は問題を解くことができたのではなく、問題をずらすことができたにすぎない。

それでは一体、唯心論の場合はどうなのか。純粋な唯心論者は物質が独立して存在することを否定し、それを精神の所産にすぎないと考える。しかしこのような世界観をもって人間本性の謎を解こうとすれば、袋小路に陥ってしまうであろう。感覚世界が精神の側に立つ自我に直接向かい合っている。この感覚世界にまで精神の橋を架けることはできそうにない。感覚世界は物質的な経過を通して自我によって知覚され、体験されねばならない。「自我」が自分をもっぱら精神的な存在であると主張しようとするなら、そのような物質的な経過を自分の中に見出すことができない。自我がもっぱら精神的に働く限り、感覚世界は決してその中に含まれない。自我が非精神的な仕方で関係をつけようとするのでなければ、世界は封印されたままでしかないことを、自我は認めざるを得ない。そしてわれわれが行動するとき、物質的な素材や力の助けを借りなければ、われわれの意図を現実の中に生かすことはできない。したがって外界に頼らざるを得ない。極端な唯心論、あるいは絶対的観念論の立場に立つ哲学者ヨーハン・ゴットリープ・フィヒテは宇宙の構造全体を自我から演繹しようと試みた。そのようにして彼が実際に作り上げたものは、一個の巨大な宇宙思考像であり、そこにはすべての経験内容が欠けていた。唯物論者が精神を否定することは不可能であり、唯心論者が外なる物質界を否定することも不可能なのである。

人間が「自我」を認識しようとするときには、思考による観念世界形成の働きの中に「自我」の働きを知覚するので、唯心論的な世界観は、自己の内なる人間本性を観察する際に、この観念世界だけが現実なのだと思い込んでしまう。その結果、唯心論は一面的な観念論になる。そして観念世界を通過した先に別の精神世界を見出そうとするところまではいかない。観念世界そのものの中に精神世界があると考える。その結果、唯心論は「自我」そのものの働きの内部に、まるで呪縛されたように、自分の世界観を封じ込めざるを得なくなる。

観念論の注目に価する変種の一つは、フリードリヒ・アルベルト・ランゲの立場であろう。彼の主著『唯物論の歴史』は広く読まれた本である。この本の中で彼は、すべての宇宙現象が、われわれの思考をも含めて、純粋に物質的な経過の産物であると主張しないなら、本物の唯物論とは言えない、と考えている。ただそれを裏返していえば、物質とその経過とはわれわれの思考の産物であるとも言える、ともいう。「感覚はわれわれに事物の作用だけを示すのであって、事物の忠実な像を示すのではなく、まして事物そのものを示すのでもない。われわれの感覚も、頭脳及びその頭脳の中で思考される分子の振動も、そのような単なる作用に数えることができる」。つまりわれわれの思考は物質的な経過によって生み出され、そして物質的な経過は思考する「自我」によって生み出される。こう考えるとき、ランゲの哲学は概念に置き換えられた、かの勇敢なるミュンヒハウゼンの物語以外の何物でもなくなる。実際ミュンヒハウゼンは自分で自分の髪の毛を引っぱり上げながら、空中に浮かんでいたのである。

一元論の第三の形式は、最も単純な存在（原子）の中にすでに物質と精神の両本性が結合されていると考える立場である。しかしこの立場に立っても、われわれの意識の中で生じてくる問いを他の舞台へ移し換えることしかできない。最も単純な存在がもはやそれ以上分割できないような統一体を示しているのだとすれば、一体どのようにしてそれが二重の仕方で自分を表すようなことができるのか。

以上に述べたすべての立場を考えるとき、基本となる根源的な対立はまずわれわれ自身の意識の中に現れてくる、という点をはっきりさせておく必要がある。われわれを自然という母体から引き離して、「自我」と成し、そしてそれを「世界」に向かい合わせるようにしたのは、われわれ自身なのである。ゲーテは、「自然」というエッセイの中で、勿論非学問的な外観を装ってはいるが、このことに古典的な表現を与えている。――「われわれは彼女（自然）の中に包まれて生きているが、彼女にとっては異邦人にすぎない。彼女は絶え間なくわれわれと話し合っているのに、自分の秘密を漏らそうとはしない」。けれどもその裏側についてもゲーテは語っている。

「すべての人間は彼女の中におり、彼女はすべての人間の中にいる」。

われわれが自然から疎外されているのは本当だが、同じようにわれわれが自然の中で、自然の一部を成している、と感じるのも本当である。われわれの中で生きているのは、自然そのものの働きなのである。

われわれは自然へ帰る道を再び見つけ出さなければならない。この道がどこにあるのかを、ひとつの単純な考え方が教えてくれる。確かにわれわれは自然から切り離されてしまった。しかしわれわれはそこから何かを内なる自然として自分の本質の中に持ち込んでいるに違いない。この内なる自然を見出さねばならない。そうできれば、関連が再び見出されるであろう。このことを二元論はやろうとしていない。人間の内面を自然とは異なる精神存在と見做し、この存在と自然とをつなぎ合わせようとするが、そのような連結部分が見出せないのは当然である。われわれが自然をまず自分の内部に認めるのでなければ、それを外に見出すこともできないであろう。われわれ自身の内部にあって、自然と同質の働きをするものが導き手となってくれる筈である。こう述べることで、道の行く手をあらかじめ指し示したことになる。精神と自然との相互作用についてあれこれ考えようとは思わない。しかし自分自身の存在の深みへ降りていこうと思う。そしてかつて人間精神が自然から逃れ出た時に、そこから持ち出してきた要素を、今この深みの中に見つけ出そうと思う。

われわれの本質を探求することこそが謎を解く鍵を提供してくれるに違いない。ここにいるわれわれは、もはや単なる「自我」ではない、「自我」以上の何かなのだ、と言えるような地点にまで到達できなければならない。

ここまで読み進んできた読者が、こういう言い方は「現代の学問の立場」にふさわしくない、と考えたとしても、私は決してひるんだりはしない。私はただ次のように答えるだけである。これまで私は決して学問的な成果を示すつもりではなかった、ただどんな人も意識の中で体験していることを、記述しようとしたにすぎない、と。これまでの叙述の中に何度か意識と世界とを融和させようとする試みがすでに紛れ込んでいたとしても、それはただ本来の問題点を明らかにしようとするためでしかなかった。だから私は個々の表現、「自我」、「精神」、「世界」、「自然」等々を、心理学や哲学の概念として厳密な仕方で使用することにあまり価値をおかなかった。日常的な意識は概念相互を学問が行うような厳密な仕方で区別しようとはしない。そしてこれまでは日常的な問題を取り上げようとしたのである。学問がこれまでどのような仕方で意識を解釈してきたかではなく、意識がその都度どのような現れ方をするかが私にとって問題だったのである。

# 第三章　世界認識に仕える思考

撞球台の球が突かれて、もう一つの球にぶつかり、その運動方向を変化させるさまを観察するとき、観察する私自身はこの球の運動経過に影響をまったく与えていない。第二の球の運動方向と速度は第一の球の運動方向と速度によって決定されている。私が単なる観察者の態度をとり続ける限り、第二の球の運動について何かを述べる事ができるのは、その運動がすでに始まってからである。しかし観察内容を私が考察し始めると、事情は異なってくる。考察はその経過についての概念を作るという目的を持っている。弾力を持った球という概念を力学上の諸概念と結びつけ、そして今生じている経過をそうあらしめている特殊状況を考量する。私の働きかけなしに進行している出来事に対して、私は概念の領域で進行する第二の経過を付け加える。この第二の経過は私によって左右される。もし私がそうしようとしなければ、私はもっぱら観察することに終始し、概念による操作を一切しないでもすむ。しかしそうしようとする要求をもつとき、私は球の弾性運動、衝撃、速度等の概念を特定の仕方で相互に結びつけ、それによって今観察している出来事が正しく把握できるようになるまでは休まない。出来事は私から離れたところで進行するが概念的な経過は私の働きなしには進行しない。

この私の活動が私の独立した本性の発露なのか、それとも私は欲するままに考えることができず、意識の中にある思考内容やその相互の結びつきの決定に従って考えざるを得ない、と主張する近代心理学者の説（ツィーエン著『生理的心理学教程』イエナ一八九三年 一七一頁参照）が正しいのか、それを決めるのは、後の章にゆだねよう。今ここで明らかにしておきたいのは、われわれの働きかけなしに存在する対象や出来事に対して、それに関係する概念と概念相互の結びつきとを見出そうと努力する必要をわれわれが感じているということである。その行為が本当にわれわれの行為なのか、それとも動かし難い必然性に従わされているのかという問いは、さしあたり未解決のままにしておきたい。いずれにせよ、その行為はわれわれ自身の行為であるように思える。対象に対応する概念が必ずしもすぐには見出せないことも明らかである。私自身が行為主体であるというのは幻想に基づいていることなのかも知れないが、じかに観察する限りは、そうであるように思える。そこで次のように問おうと思う。出来事に対応する概念を見つけ出すことによって、われわれは何を得るのか。

或る出来事の部分相互の関係は、対応する概念を見出す前と後では、その在り方に本質的な相違が生じる。単なる観察だけでも特定の出来事の諸部分の経過を辿ることはできる。しかし概念の助けを借りる前には、それら相互の関連は明らかではない。私は球突きの最初の球が特定の方向と速度に従って、第二の球に向かって動くのを見る。求める衝突が可能になることを私は期待し、そしてその結果を眼で追う。もし誰かがその衝突の瞬間に、撞球台を布で覆い隠してしまうなら、単なる観察者に留まる限り、その後で何が生じるかを知ることはできない。けれども、もし布で覆われる以前に、球の位置を知るのに必要な諸概念を持っていたときは別である。たとえ観察できなくなっても、その後でどういう結果が生じるかを述べることができる。ただ観察しただけでは、その後の経過や位置は明らかにならない。観察が思考と結びつくとき、はじめてその後の状態が明らかになる。

観察と思考こそは、それが意識化されたものである限り、あらゆる精神行為の二つの出発点なのである。どんな常識的な判断も、どんな高度の科学研究も、われわれの精神のこの二つの柱に支えられている。これまで哲学者はいろいろな基本的な対立から出発した。観念と現実、主観と客観、現象と物自体、自我と非我、理念と意志、概念と物質、力と素材、意識と無意識などである。けれどもこれらすべての対立に観察と思考の対立が先行していること、これが人間にとっての最も重要な対立であることは、容易に理解できよう。

われわれがどんな原理を打ち建てようとも、それはどこかでわれわれによって観察されたものであることが証明されねばならず、そしてまた他の人が後から辿ることのできる思考形式をとって明瞭に述べられなければならない。自分の根本原理について語る哲学者は誰でも、概念形式をつまり思考を使用しなければならず、それ故哲学するには思考が前提になることを間接的ながら認めている。思考が、またはその他の何かが宇宙進化の主要要因であるのかどうかについては、ここではまだ決定しないでおく。けれども哲学者が思考を持たずには、この問題について何も知り得ないのは当然である。宇宙が成立する際には思考が脇役しか演じなかったかも知れないが、宇宙観を成立させる際には、どうしても思考に主役を割り当てざるを得ない。

さて観察についていえば、それがわれわれに必要なのは、人体組織そのものに基づいている。馬についての思考と対象としての馬とは、われわれにとって別々に現れてくる。対象としての馬はもっぱら観察によって獲得される。馬をただ見つめるだけでは、馬の概念を得ることはできないが、同様に単なる思考だけで対象を生み出すこともわれわれにはできない。

時間的な経過からいえば、観察は思考に先立っている。なぜなら思考をもわれわれは観察を通して知るのだから。この章の冒頭で述べたこと、つまりどのようにして思考の働きが或る経過に際して呼び起こされ、思考が関与する以前の単なる対象の領域を超えていくかということも、本質的には観察を記述していたのである。われわれの体験領域の中に入ってくるものは、すべてがまず観察を通して認められる。感覚、知覚、直観、感情、意志行為、夢や空想、表象、概念や理念、幻想や幻覚はすべて、観察を通してわれわれに与えられる。

ただ思考だけは、観察対象として、それ以外のすべてから本質的に区別される。私は机や樹木などの対象を、それらが私の体験領域に現れてくるや否や観察し始める。しかしこういう対象についての思考を私はそれと同時に観察してはいない。私は机を観察し、机について思考する。しかし私はその同じ瞬間にその思考を観察してはいない。対象としての机だけでなく、机についての思考をも観察しようとするなら、私はまず自分の立場を自分の活動圏外におかなければならない。対象を観察し、それについて思考するのは、どんな生活にも見られる日常的な行為である。けれども思考を観察するのは、一種の例外の状態である。思考と他の一切の観察内容との関係を明確に規定しようとするならば、今述べた点を十分に顧慮しなければならない。思考を観察しようとする場合、それ以外の世界内容を観察する場合には正常な態度なのであるが、その正常な状態のままでは思考そのものを対象にできないような態度を思考に対して適用することになる。このことを人ははっきりと意識していなければならない。

誰かが異議をはさんで、思考についてここで語られていることは感情についても、その他すべての精神活動についても当てはまることではないのか、と言うかも知れない。例えば快の感情を持つとき、その感情は或る対象に即して生み出される。そして私はその対象を観察するとしても快の感情を観察するのではないのである。しかしそういう言い方は誤謬に基づいている。快の感情と対象との関係は、思考が生み出す概念と対象との関係と同じではない。私は或る事柄の概念が私の活動によって作り出されたということを、極めて明確に意識している。一方、私の内なる快の感情は、例えば落ちてくる石がぶつかった対象に変化を与えるのと同じような仕方で、何かの作用を受けて生み出される。快の感情は、それを惹き起こす出来事を観察するときとまったく同じ仕方で観察され得るが、このことは概念には当てはまらない。なぜ特定の出来事が私に快の感情を呼び起こすのか、と私は問うことができる。けれどもなぜ或る出来事が私に特定の概念を生じさせるのか、と問うことはできない。まったく無意味な問いだからである。或る出来事について思考を働かせる場合には、私に対する働きかけを問題にする必要はないのである。窓ガラスに向かって投げつけられた石が惹き起こす変化についての概念を作り出すとき、そのことによって私は自分のことを経験するのではない。けれども特定の出来事が私の中に或る感情を目覚めさせるとき、私は自分の人格についての経験をする。私が或る対象を観察して、「これはばらの花だ」と言うとき、私は自分自身についてはまだ何も語っていない。けれども同じ対象について、「それは私に快の感情を与える」と言うならば、私はばらの花だけではなく、ばらの花との関係において、自分自身の性格をも特徴づけているのである。

観察の対象としての思考と感情とを同じ次元で扱うことはできない。同じことはその他の精神活動についても言うことができる。思考以外の精神活動はすべて、外界の事物同様、観察の対象になる。しかし思考活動だけは、もっぱら観察する方の側に留まり、自分を観察の対象にはしない。この事実は、思考の特異な性質から来ている。何かについての思考内容を作るとき、その表現の仕方はわれわれの感情や意志行為とは反対の在り方をしている。私が或る対象を見て、それを机だと認める場合、一般には、「私はこれを机と考える」とは言わずに、「これは机である」と言う。しかし感情についてなら、「私はこの机を好む」と言うであろう。はじめの例の場合、私がその机に対してどういう関係を持っているのかはまったくどうでもいい。しかし第二の場合に問題なのは、まさにこの関係なのである。「私は机について考える」という表現をするならば私はすでに述べた例外状態の中に入り込むことになる。つまりわれわれの精神活動の中に常に含まれているのに、観察の対象にはされずにいた何かを、観察の対象にしているのである。

考えている人は、今自分が考えていることを忘れている。そしてこのことが思考の特徴をよく示している。思考する人が心を向けているのは思考そのものではなく、自分が観察している思考対象なのである。

したがって思考を観察してまず第一に気がつくのは、それが通常の精神生活の中では観察の対象になっていないということである。

日常の精神生活において思考が観察の対象にならない理由は、それがわれわれ自身の生産活動だからである。自分で生み出さないものだけが、対象として、私の視野の中に入ってくる。私は私の働きなしに生産された事物に向かい合う。その事物が私に近寄る。私はその事物を私の思考作業の前提にしなければならない。対象を考察するとき、それと関わり続ける。私の眼差しはそれに向けられている。この関わり続ける行為が思考活動である。私の注意が向けられているのは私の活動ではなく、活動の対象である。別の言い方をすれば、思考する私は、自分自身が生み出す思考にではなく、自分が生み出すのではない思考対象に眼を向けている。

さらにいえば、例外的な状態を設定して、私の思考そのものを考察の対象にしようとする場合でさえ、同じことが言える。私は現在の思考活動を決して観察することはできず、ただ自分の思考過程についての経験を後から思考対象にすることができるだけなのである。自分の現在の思考を観察しようと思うならば、自分を二つの人格に分裂させてしまわなければならないだろう。思考する人格と、その思考する自分を見つめるもう一つの人格とにである。しかしそのようなことは不可能である。私ができるのは別々に二つの行為を行うことだけである。観察することのできる思考活動は、決してそのときなされている思考活動ではなく、それとは別の思考活動である。つまり、私自身のかつての思考活動か、別の人の思考過程か、または先の球突き台の場合のように、仮定された思考作業かなのである。生産的な活動をすることとそれを観察対象にすることとは決して両立しない。このことはすでに旧約聖書の創世記が物語っている。最初の六日間に神は宇宙を創造する。そして宇宙を創造した後ではじめて、それを観察する可能性が生じる。「そして神は創造されたすべてを見、そしてそれが満足すべきものであると思われた」。このことはわれわれの思考活動にも当てはまる。それを観察しようとするのなら、それを創造していなければならないのである。

今行っている思考の働きが観察できない理由は、思考が世界の他のいかなる働きよりもわれわれにとって直接身近に認識できる理由と同じである。われわれは思考の働きを自分で生み出す。だからこそその経過の特徴を知り、その働きの行われる仕方を理解する。他の一切の観察領域においては、間接的な仕方でしか、事実の対応関係や相互関連を知ることができない。けれども思考の場合だけは、まったく直接的な仕方でそのような関連や関係を知ることができる。ただ観察するだけでは、なぜ雷鳴が稲妻の後で生じるのか理解できない。けれどもなぜ私の思考が雷鳴という概念を稲妻という概念に結びつけるのかは、この二つの概念の内容から直接知ることができる。稲妻と雷鳴について私が正しい概念を持っているかどうかを問題にしているのではない。稲妻と雷鳴との関連が私にとって明らかなのは、概念そのものによるのである。

思考過程のこの透明な在り方は、思考の生理的な基礎を知ることによるのではない。ここでは精神活動の観察をもとにして、思考を論じているのである。思考作業を行うとき、脳の物質的な作用が同じ物質的な別の作用を惹き起こしたり、物質的に影響したりする事実もここで問題にする必要はない。思考を観察するときには、脳の中のどの器官の働きが稲妻の概念を雷鳴の概念と結びつけるのかではなく、この両概念を特定の仕方で関係づけるように私を促すものが何であるかを観察するのである。この観察の結果明らかになるのは、思考内容を互いに関連づけるとき、私の思考内容そのもの以外には何も基準になるものがないということである。私は脳の中の物質的な作用などを基準にはしない。現代のような唯物論的な時代でなければ、このような但し書きはまったくの蛇足であると言えよう。けれども現代人は、物質とは何かを知れば、物質がいかに思考するかをも知るようになる、と安易に信じたがる。だからこそ、大脳生理学を引き合いに出さなくても思考について語ることができる、ということをわざわざ述べる必要が生じる。今日では非常に多くの人が思考の概念を正確に把握していない。今私が思考について述べた考え方に、カバーニの言葉、「肝臓が胆汁を、唾液線が唾液を分泌するように、脳が思考内容を分泌する」で応じる人は、私が何を語っているのか全然理解していないことになる。その人は、単なる観察だけを通して、地上の他の事物と同じように、思考をも見出そうとしている。けれども思考はこのようなやり方では捉えられない。なぜなら、すでに指摘したように、思考はまさにそのようなときに、通常の観察の眼から姿をくらますからである。唯物論を克服することができない人にはすでに述べたような例外状態を作り出す能力が欠けている。しかしこのような例外状態だけが、他の精神活動においては無意識に留まっているものを意識化させてくれるのである。このような観点を敢えて持とうとしない人とは思考について語り合うことができない。色の見えない人とは色について議論できないようにである。われわれは生理的な経過を思考と見做している、とどんなに信じていようとも、そのような人が思考を解明できないのは、そもそもそれを見ていないからなのである。

どんな人でもそのつもりになりさえすれば、思考を観察するようになれるのだが、そうできた人にとってはこの観察があらゆる観察の中で最も重要なものになる。なぜなら自分自身が作り出したものを観察するのだし、自分とは無縁な対象にではなく、自分自身の活動に向かい合うのだから。自分の観察している対象がどのようにして生じるのかも分るし、状況や関係も見通すことができる。そしてそれによって、他のすべての現象を解明することができると期待できるほどに確実な地点を獲得できたことになる。

近世哲学の基礎づけを行ったレナートゥス・カルテシウス（デカルト）はこのような確実な地点を見出すことができたという確信をこめて、人間の知識のすべてを、「私は思考する。それ故私は存在する」という命題の上に打ち建てようとした。思考以外の一切の事象は、私の働きかけなしにも存在しており、それが真実なのか目くらましや夢なのかを私は知ることができない。私が無条件的に確実だと知り得るのはただ私の思考だけである。なぜなら思考だけは、私がそれを確かな存在にしているのだから。思考そのものは思いもよらぬところから生み出されたのかも知れない。神から生じたのか、あるいは全然別なところから生じたのかも分らない。しかし私の思考だけは私自身がそれを生み出している。このことだけは確信できる。カルテシウスは出発点としてこの命題にこのこと以外の意味を与えることを是認しなかった。「私は考える」という言葉で、彼は宇宙内容の一つである私を、私の最も固有な活動としての思考活動において理解するということだけを主張した。この命題の後半の部分である「それ故に私は存在する」が何を意味するのかについては、多くの議論が闘わされてきた。しかしこの部分はただ一つの条件の下においてのみ意味を持つことができる。或る事柄についての最も単純な言い方は、「それはある」、「それは存在する」である。この言い方は、私の体験領域の中に入ってくるどんなものの場合にも、それ以上さらに規定しようとしても、すぐにはできない。存在するものがいかなる意味で存在するのかをさらに規定していこうとすれば、どんな対象も別の対象との関係において問題にされなければならなくなる。一つの体験内容だけでは、一連の知覚内容かも知れないし、夢や幻覚なのかも知れない。要するに、いかなる意味で存在しているのかについては何も言うことができない。私は出来事そのものだけからでは、存在のそのような意味を取り出すことができない。他のものとの関係を考察するときにのみ、そうすることができる。とはいえ、そうしたとしても、それだけではまだ、或るものと他のものとの関係を知ること以上に出ることはできない。私が確かな基礎の上に立とうとすれば、存在の意味をその存在そのものから汲み取れるような対象が見つけ出されねばならない。しかしそのような対象は、思考する私自身以外にはない。なぜなら思考する私自身だけが、私の存在に思考活動というそれ自身に基づく特定の内容を与えることができるからである。そこで私はここから出発して次のような問いを立てることができる。——他の事物もまた思考と同じ意味で存在しているのか、それとも別な意味で存在しているのか。

思考が観察の対象とされるとき、これまで観察されてきた宇宙内容に、他の機会には注目されない事柄が付け加わる。とはいえ観察する仕方が変わるのではない。観察対象の数を増やしても観察の方法は変わらない。他の事物を観察している場合には観察する行為そのものも含めて、宇宙の出来事の中に気づかれることのないひとつの手続きが混入している。一切の他の出来事とは異なる何かが意識されずに存在している。けれども私が自分の思考を考察するときには、そのような気づかれぬ要素などはどこにも存在しない。なぜならその場合、対象の背後に隠れて揺れ動いているような何かもまた、思考そのものでしかないのだから。つまり観察対象と観察する行為とは質的に同一なのである。そしてこのことが思考の特徴の一つとなっている。思考を考察対象にするときには、性質の異なる何かの助けを借りる必要はない。同一の要素の中に留まっていればよい。

私からの働きかけなしにも存在している事柄を思考対象にするときの私は、単なる観察行為を乗り越えていく。では一体、私にそうする権利があるのか。なぜその対象を単純に私に作用させようとしないのか。どうしてそれを私の思考の対象にするのか。自分自身の思考の経過を考えようとする人なら、誰でもこういう問いを心に抱かざるを得ない。しかし思考そのものを考えようとするときには、こういう問いは意味を失ってしまう。われわれは思考に対して異質な何かを付け加えたりはしない。したがってその行為の正しさについてとやかく思い煩う必要もない。

シェリングは述べている。――「自然を認識するとは、自然を創造することに他ならない」。大胆な自然哲学者のこの言葉を文字通り受け取れば、死ぬまで自然を認識することを諦めなければならないであろう。なぜなら自然はすでに存在してしまっており、それをもう一度創造するには、かつてそれが産み出された時の諸原則を認識しなければならないからである。だから、あらためて創造しようとする自然のために、すでに存在している自然の中からその存在条件を読み取らなければならないことになる。創造行為に先行すべきこの読み取る行為こそが、シェリングの言う自然を認識する行為ということになろう。その後で創造行為が実際には行われなかったとしても、その点変わりはない。あらかじめ認識できないような自然を、まだ存在していない自然を創造するときだけに、創造という言葉が使われる筈なのである。

自然の場合には不可能な、この認識以前の創造、それをわれわれは思考行為の中では行っている。思考を認識する以前には思考という創造行為を控えたい、と思うならば、いつまでたっても思考行為に辿りつくことはないであろう。われわれはともかく思考を始めなければならない。そうすれば後になって、自分の行ったことを観察し、それによって思考を認識できるようになる。思考を観察対象にする場合には、われわれ自身がまずその対象を作り上げる。その他の場合はすべての対象がわれわれの手から離れたところですでに存在している。

今述べた私の命題、「思考を考察できる以前に、思考しなければならない」に対しては、同じような仕方で別な命題を提出することができるかも知れない。例えば「消化の働きも、それを観察するまで消化することを控えているわけにはいかない」。この命題はパスカルがカルテシウスに対して行った批判に似ていると言えよう。パスカルは、「私は散歩をする。それ故私は存在する」とも言える筈だ、と主張したのである。いうまでもなく、私は消化の生理的な働きを研究する前にも、しっかり食べ物を消化しなくてはならない。しかしそれを思考の考察と対比させようというのなら、消化作用を後から思考し考察するのではなく、消化作用を食べそして消化する、と言うのでなければならない。消化は消化の対象にはなり得ず、思考だけが思考の対象になり得るということ、まさにこのことに意味があるのである。

だから疑いもなく、思考行為においてこそ、宇宙の秘密の一端を摑むことができるのである。そこで何かが生じるときには、必ずわれわれ自身がそれに立ち会っている。そしてまさにこのことが大切なのである。なぜ事物が私にとって謎めいた現れ方をするのか。その理由はその事物の成立過程に私が立ち会わなかったからである。私は出来上がった事物を眼前に持っている。けれども思考だけは、それがどのようにして作られるのかを私は知っている。だから宇宙の出来事を考察するとき、思考以上に根源的な出発点はどこにも存在しないのである。

ここで私は思考を問題にする人がよく陥る誤謬についても触れておきたい。それは思考そのものというようなものは人間のどこにも与えられていない、という主張である。いろいろな経験を観察し、それらを関連づけ、そして概念の糸で織り合わせるときの思考と、後になって観察対象の中から取り出して、考察対象にする思考とは、全然別のものであり、はじめに無意識的に事物の中に織り込む思考と、後になって意識的にそこからまた取り出す思考とはまったく異なっている、というのである。

このような考え方をする人は、そもそもこうしたやり方で思考から抜け出すことなどまったく不可能だ、ということに気づいていない。思考を考察しようとするとき、思考の外へ出ることはまったくできない。意識以前の思考が後で意識的となった思考から区別されるとしても、その区別は外的な区別であるにすぎず、事柄の本質とは無関係である。或る事柄を思考によって考察したとしても、それだけでは、その事柄を変化させてはいない。まったく異なる感覚器官とまったく異なる知性とを持った何者かが、馬についてまったく異なる表象を持つ可能性を考えてみることはできよう。しかし私自身の思考が、その思考を観察することによって、別な思考に変わる、などとは考えることができない。私は自分が行う事柄を自分で観察している。その私の思考が、私とは異なる知性の持ち主にとってどのように見えるかはどうでもよい。今問題なのは、それが私にとってどう見えるかなのである。いずれにせよ、他の知性が抱く私の思考についての像《イメージ》の方が私自身が抱くそれよりも、もっと真実であるという保証はどこにもない。私自身が思考する存在なのではなく、私にとって異質な存在の活動によって私の前に現れてくるものが私の思考なのだとすれば、その時だけは、私が特定の思考像を持つときにも、その思考が本来どういうものであるのかを私が知ることはできない、と言うことができるであろう。

　いずれにせよ、私は自分の思考を自分以外のところから眺めるつもりは、今のところまったくない。逆に私は、思考の助けを借りて、思考以外の全宇宙の働きを考察しようとしている。とすれば、思考の働きを考察するときだけに、例外を作る必要がどこにあるというのか。

　以上で私が宇宙の考察に際してなぜ思考から出発するのか、その理由は十分に述べられたと思う。アルキメデスが梃子の原理を発見したとき、彼は梃子を使えば、全宇宙でさえも持ち上げることができる、ただそのためにはその道具を支えてくれる支持点が見出されなければならない、と語った。つまりアルキメデスは、他の何かによってではなく、自分自身によって支えられているような何かを必要とした。思考の中には自分自身によって支えられている原理がある。宇宙を把握するには、この原理から出発すればよいのである。われわれは思考をそれ自身によって把握することができる。残された問題はただ、同じ思考によって思考以外のものをも把握できるか、ということだけである。

私はこれまで、思考の担い手である人間の意識について何も顧慮することなく、思考について語ってきた。現代の大方の哲学者は、思考が存在する以前に意識が存在しなければならないと言って、私を非難するであろう。思考からではなく、意識から出発せよ、というのである。意識のないところには思考もないという。そのような非難に対しては、次のように応じないわけにはいかない。思考と意識との間にどのような関係が存在するのかを明らかにしようとすれば、私はどうしてもそれについて考えざるを得ないのだ、と。つまり私はそうすることで思考を前提にするのである。勿論これに対しては、次のように言うこともできよう。確かに意識を理解しようとするときには思考を行使するであろうし、その意味で哲学者は思考を前提にするのであろうが、通常の生活の中での思考は、意識の中で生み出されるのだから、意識を前提にしていることになると。このような答え方が思考を創造しようとする造物主に向けられたものだとすれば、疑いもなく妥当なものであると言えよう。あらかじめ意識をつくり出さずに思考を生み出すことは勿論できないであろう。けれども哲学者にとって問題なのは、天地創造なのではない。創造されたものを認識することなのである。したがって宇宙創造のための出発点ではなく、宇宙理解のための出発点を今、求めている。だから誰かが哲学者の態度に批判の矢を向け、その哲学者がまず自分の原理に眼を向けており、その原理を通して理解しようとしている対象そのものに眼を向けていないと非難するとすれば、それは非常に奇妙なことのように思われる。造物主ならば思考の担い手となるものをどうしたら見出せるか知る必要があったであろう。しかし哲学者はすでに存在しているものを理解するために、確かな土台を求めなければならない。意識から出発するにしても、その意識も思考によって考察しなければならない。それなのに思考による考察を通して事物を解明する可能性についてまったく無知であったとすれば、すべての努力は無駄になってしまわないだろうか。

われわれはまず思考をまったく中立の状態で、つまり思考を思考する主観にも思考対象にも関係させずに考察しなければならない。なぜなら主観の中にも対象の中にも、あらかじめ思考によって生み出された概念が含まれているからである。どんな存在の仕方が考えられるにしても、まず思考という形式をとらなければならない。このことを否定する人は、人間としての自分が宇宙創造の発端部分に属しているのではなく、その最後に属しているのだということを忘れている。したがって概念による宇宙認識を行おうとするなら、時間的に原初の存在要素からではなく、われわれに最も身近なもの、最も親しみあるものから出発しなければならない。ひと飛びで宇宙生成の発端に身を置き、そこから考察を始めるようなことはできない。現在の瞬間から出発し、そして後で生じたものから前に生じたものへ遡っていかなければならない。地質学は現在の地形を説明するために突発的な天変地異を過去のどこかに想定しようとする限り、闇の中を手探りで行くしかない。どんな経過が現在の地球で演じられているかを探求するところから始め、そこから過去へ遡っていくときに、確かな地質学の基盤がはじめて獲得できたことになる。哲学が原子、運動、物質、意志、無意識のような、あらゆる種類の原理を前提にしようとする限り、その哲学は宙に浮いたものになってしまう。哲学者が最後に生じたものをその出発点にしようとするときにのみ、彼は目標に到ることができる。そして宇宙進化がもたらした最後のものこそ、思考に他ならないのである。

思考そのものが正しいか正しくないか、われわれには断言できない、という人びとがいる。その人びとにとってはわれわれの出発点もまた疑わしいものになるであろう。これはちょうど一本の樹木それ自体が正しいか正しくないか断言できない、という程度において道理に適っている。思考はひとつの事実なのだ。その事実が正しいか正しくないかと問うことは無意味であろう。せいぜい言えることは、思考が正しく適用されているか否かなのである。それはちょうど樹木が特定の器具を作るに適した木材を提供するかどうかを問うのに似ている。一体どの対象世界に対して思考を適用することが正しく、また正しくないのか、それを示すことがまさに本書の課題であると言えよう。もし思考が対象世界について何事か断定を下せるということに、誰かが疑問を抱くとしたら、その疑問は私にもよく理解できる。しかし誰かが思考そのものの正しさを疑うとしたら、それは私にとって理解できないことだ。

## ●一九一八年の新版のための補遺

以上の論述の中では、思考とそれ以外の魂のいとなみとの間に重要な相違のあることが指摘されている。この相違はとらわれずに観察すれば、納得することのできる事実である。しかしとらわれぬ観察をしようとしない人はこれに対して異論を唱えようとする。例えば私がばらの花について考えたとしよう。もしも誰かが、「それによってもっぱら私の『自我』とばらとの関係だけが表現されており、したがってばらの美しさを私が感じたときと同じ事情にある。思考も感情や知覚と同じように、『自我』と対象との関係として存在しているのだ」と言って非難するとすればその人は大切な観点を見失っている。なぜなら思考活動の場合においてのみ、「自我」はどんな活動においても、自分と活動者とが同一存在であることを知っているのだから。思考以外の魂の働きの場合、このことは完全には当てはまらない。例えば或る種の快感が感じられる場合、よく観察してみれば、「自我」がどこまで能動的な在り方をしているか、そしてどこに受動的な部分があり、そしてどこで快感が「自我」の対象として現れてくるかを、正確に区別することができる。別の魂の働きにおいても同じことが言い得る。ただその際、「思考像を持つこと」と思考内容を思考によって作り上げることとを混同してはならない。単なる思考像であれば、曖昧な思いつきとして魂の中で夢のように受動的な仕方で立ち現れてくる場合もある。思考とはこのようなことを言うのではない。——勿論次のような疑問も生じるであろう。「思考をそのような意味で捉えるなら、思考の中に意志が潜んでいることになる。したがって思考だけではなく、思考への意志もまた問題になる」。けれどもそのような言い方をするのなら、むしろ「真の思考は常に欲せられたものでなければならない」と言うべきであろう。しかしそう言ったからといって、このことは本書で論じたような思考の性格づけとは何の関係もない。たとえ思考の本質が常に欲せられることを求めているとしてもである。われわれにとって問題なのは、思考する「自我」が常に自分自身の完全に見通し得る活動を欲している、という点なのである。それどころか、今述べた思考の本質の故にこそ、思考が観察する人にとってまったく意志されたもののように見えるのである。思考を評価するのに必要なすべてを洞察しようとするならば、思考という魂の働きが以上に述べた性質を持っていることを認めないわけにはいかない。

本書の著者は、非常に尊敬している或る思想家（エドゥアルト・フォン・ハルトマンのこと——訳者）から、ここに述べたような仕方では思考について語ることはできない、という非難を受けた。なぜなら思考活動として観察できるものは単なる仮象にすぎないからだ、というのである。彼によれば、意識されることなく、思考の根底で活動しているものの結果だけが思考として観察されている。しかしこの意識されざる活動というのは、まさに観察され得ないから、思考を観察する人は、思考がそれだけで独立して存在しているかのような錯覚に陥る。それはちょうどすばやく点滅する電気照明を通して、まるで一連の映像が動いているように見えるのと同じだ、というのである。この非難もまた不正確な理解に基づいている。このような非難をする人は、思考の中に立ってその活動を観察しているのが「自我」そのものであることに気づいていない。もし急速に点滅する電気照明のような仕方で自我が錯覚させられているのだとすれば、この「自我」は思考の外に立っていなければならない筈である。だからむしろ次のように言うことができよう。「このような比較をする人はひどい錯覚に陥っている。その人はまるで運動しつつある光を見て、それは運動しているのではない。光が動いて見える一つ一つの場所で、眼に見えない手がそれを点けたり消したりしている、と主張しているようなものだ」。――実際、思考が「自我」そのものの中で、見通すことのできる活動として産み出されたものであることを理解しない人だけが、眼の前の単純な事実を見ないで、勝手に思いついた活動を思考の根底におこうとする。自分を盲目にしたくなければ、このようにして思考の中に勝手に「付け加えられた」すべてを思考の本質から取り除かなければならない。思考そのものの中に見出せないものは思考の本質とは見做せないということ、これがとらわれぬ観察の結果である。思考の領域から離れてしまったら、思考が生み出すものに到ることはできない。

# 第四章　知覚内容としての世界

思考から概念と理念が生じる。概念とは何かを言葉で述べることはできない。言葉は人間が概念を持っているという事実に注意を向けさせることができるだけである。誰かが木を見たとき、その人の思考は自分の観察に刺戟されて、その観察対象に観念上の対応物を付け加える。そして対象とその観念上の対応物とを不可分のものと考える。観察の視野から対象が消えてしまうと、観念上の対応物だけが後に残る。そしてこの対応物こそが対象の概念なのである。われわれが経験を拡げれば拡げる程、われわれの概念の総体も大きくなる。とはいえ概念はばらばらに存在するのではなく、合法則的な仕方で全体として互いに関連づけられている。例えば「有機体」という概念は、「合法則的発展」とか「成長」などの概念と結びついている。個別的な事物に対応する個々の概念も互いに完全に結び合ってひとつの統一体を成している。個々のライオンから作り出された個別概念は、包括概念としての「ライオン」によって互いに結び合っている。このような仕方で個別概念は統一的な概念組織を成し、その組織の中でそれぞれが特殊な位置を占めている。理念は質的には概念と区別されない。理念とはより内容豊かな、より飽和した、より包括的な概念であるにすぎない。ここで特に強調しておきたいのは、私にとっての出発点が思考であり決して概念や理念ではないということである。概念と理念は思考によってはじめて獲得される。それらは思考をあらかじめ前提にしている。したがって、それ自身に基礎を持ち、他の何物からも想定されないという思考の本質を、そのまま概念に当てはめることはできない。(この点で私の立場がヘーゲルと異なっていることをここで明らかにしておきたい。ヘーゲルは概念を最初のもの、根源的なものとしている。)

概念を観察の中から取り出すことはできない。この点は、すでに次の事情からも明らかであろう。成長する人間は、自分を取り巻く周囲の対象に対応する概念を後からゆっくりと作り上げていく。概念はそのようにして観察に付け加えられる。

現代の哲学者ハーバート・スペンサーの著書は広く読まれているが、彼はわれわれが観察に対応して行う精神的な手続きを、以下のような仕方で述べている。「或る秋の日、私たちが畑を通って歩いて行くと、数歩先の所に物音が聞こえる。そこには溝があり、その溝の片隅で草が揺れている。そのようなとき、多分私たちはそこへ行って、物音や動きの原因を知ろうとするであろう。近づいてみると、一羽の山ウズラが溝の中で羽搏《はばた》いている。そこで私たちの好奇心も充たされる。私たちが現象の説明と呼んでいる事柄はこのようにして生じる。この説明は、よく注意すれば、次の事柄に帰着すると言うことができよう。——人生の中で数限りなく、或るものが動くと、その周りのものも静止状態を妨げられる、ということを経験してきた。それ故、そのような妨げと運動との関係が一般化されるようになった。上述の例もこのことから説明できる。それがこのような関係の例を示している限りはである」。

しかしもっとよく観察すれば、この事柄はここに述べられている説明とはまったく違ったようにも表現できる。物音を聞いたとき、まず私はそのための概念を見つけようとする。物音以上の何かへ私を導くのは、この概念なのだからである。そもそも物音について何も考えようとしないのなら、ただその物音を聞くことだけで満足してしまうであろう。けれども考えることによって私はその物音を何かの結果であると理解する。すなわち、物音の知覚と結果の概念とを結びつける。そしてその時はじめて私は個々の観察に留まらず、原因を探求するように促される。結果の概念が原因を求める。それから私は、その原因となる対象を探し、山ウズラを見出すのである。このような原因と結果の概念は決して単なる観察によっては獲得できない。たとえ同じような観察をどれだけ多く重ねたとしてもである。観察は思考を求める。そして思考によってはじめて、或る体験を別の体験と結びつける途が見出せるのである。

いわゆる「客観的な厳密科学」が内容をもっぱら観察から引き出すように求めるとき、

それによって同時にすべての思考活動をも諦めるように要求されることになりかねない。なぜなら思考は本質的に観察を越えて先へ進もうとするからである。

そこで思考そのものから、思考する存在へ考察を移さなければならない。なぜなら思考はそのような存在を通して観察と結びつけられるのだからである。概念と観察とが出会い、互いに結び合うのは人間の意識という舞台においてである。そしてこう述べることで、この（人間）意識が特徴づけられたことになる。すなわち意識とは思考と観察の仲介者なのである。対象を観察するだけなら、対象は外からわれわれに与えられたものとして現れるが、思考する場合には、人間は自分を能動的な存在にする。その人は対象を客観と見、自分を思考する主観と見る。思考を観察するものへ向け、対象意識を持つ一方で、思考を自分自身へ向け、自分についての意識、つまり自己意識を持つ。人間の意識は思考する意識である故に、必然的に自己意識でもなければならない。なぜなら思考の眼を自分自身の活動に向けるとき、思考は自分の最も固有の本性である主観を客観対象として持つのだから。

しかもわれわれは思考の助けを借りてのみ自分を主観として措定し、そして自分と対象とを対置させることができる。だから思考を単なる主観的な活動であると解することは許されない。思考は主観と客観の彼方にあって、この二つの概念をすべての他の概念と同じように作り上げるのである。思考する主観としてのわれわれが概念を対象と関係づけるとき、この関係は単なる主観的なものとは解されない。この関係を生じさせるのは主観ではなく、思考なのだからである。主観はそれが主観であるから思考するのではない。それが思考する能力を持つからこそ、自分を主観として表すのである。思考する存在としての人間が行う活動は、単なる主観的な活動なのではなく、主観と客観という両概念を超えた活動なのである。だから私の個的な主観が思考するのだとは言えない。むしろ私の主観は思考の恩寵の下に生きている、と言うべきである。このようにして思考という要素は、私を私の自我の彼方へ導き、客観と結びつけてくれる。けれども思考はまた、私を主観として客観に対比させることによって、私を客観からも引き離す。

　人間の二重の本性は次の点に基づいている。第一に人間は思考することによって自分と世界とを包摂する。第二に人間は思考によって自分を事実と向かい合う個体にする。

　そこで次のような問いが生じる。「それでは一体、これまで観察対象と名づけてきた、意識の中で思考と出会うところの要素は、どのような仕方で意識の中へ入ってくるのか」。この問いに答えるには、われわれの観察領域の中から、思考によって持ち込まれたすべてを取り除かなければならない。なぜならわれわれのその時々の意識内容は、常に多様極まりない仕方で概念と絡み合っているからである。

　そこで次のような情景を心に描いてみよう。完全に発達した人間知性を身につけた存在が無から生じて、いきなり今、世界と向かい合っているとするのである。そのような存在が思考活動を行う以前に見出すところのものが、純粋観察内容であろう。その場合、世界はこの存在に対して色、音、圧力、熱、味、匂い等の知覚内容の、互いに関連を持たない寄せ集めしか示さないであろう。快、不快の感情もそこには働いているかも知れない。このような寄せ集めが、思考内容をもたない純粋観察の内容である。このような観察内容に対して、思考はそのためのきっかけが見出されるや否や活動を開始しようと待ち構えている。そしてそのようなきっかけが見出されることを経験がすぐに教えてくれる。思考は一つの観察要素から別の観察要素へと糸を張りめぐらす。そして観察要素に対応する概念を結びつけ、それらをひとつの関連の下にもたらす。そのようにしてわれわれが耳にする物音を他の観察内容と結びつけ、その物音を別の観察内容の結果と見做すことができるようになる。

　思考活動は主観的なものではあり得ない。この点をここであらためて思い起こすならば、思考を通して生み出されるさまざまな関係づけが単なる主観的な意味しか持っていない、と信ずる必要もなくなる。

　上に述べたような直接的に与えられている観察内容と意識する主観との関係を、思考による省察を通して明らかにしようとするのがこれからの問題である。

　そこでこれから私はひとつの言葉を使用しようと思うが、この言葉は色々に使われているので言葉の使用についてここで読者との合意を得ておくことが必要のように思われる。私は上に述べた直接的な知覚対象を、知覚内容と名づけようと思う。これは意識的な主観が観察を通して、対象についての知識を得る場合に用いられる言葉である。したがって、観察の経過ではなく、観察の対象をこう名づけるのである。

感覚内容という表現を選ばない理由は、生理学においてこの用語が知覚内容よりも狭い意味で用いられているからである。私自身の特定の感情を知覚内容と呼ぶことはできても、生理学的な意味で感覚内容と呼ぶことはできない。私の感情も、それが私の知覚内容になるならば、そこから知識を得ることができる。そしてわれわれが思考についての知識を観察を通して得るのも、はじめて意識の中に現れる思考を知覚内容と呼べるときなのである。

素朴な人は、自分の知覚内容を観察するとき、それが媒介を経ずに直接現れるので、それを自分からまったく独立したものだと思っている。そのような人は、樹木を見るとき、その樹木が見える通りの姿で、それぞれの部分が示す通りの色彩で、今見ているその場所に立っている、と信じている。朝、地平線上を円盤のような形で昇ってくる太陽を見、その円盤の動きを追うとき、そのすべてがそのように存在しており、観察する通りの仕方で動いている、と考える。そのような人は、これまでに観察したものと矛盾する知覚内容が現れるまで、同じ思い込みを持ち続けるであろう。距離についての経験をあまり持っていない幼児は、月の方へ手を伸ばして、それを摑み取ろうとする。そして別な知覚内容がはじめの知覚内容と矛盾していることに気づいたとき、これまで真実と思い込んでいたことを、はじめて訂正しようとする。知覚内容の範囲が拡がるにつれて、これまでの世界像を訂正する必要に迫られる。このことは個人の日常生活においても、人類の精神の進化過程においても、等しく見出せることである。地球と太陽その他の天体との関係について古代人が持っていた像は、コペルニクスによって別の像に置き換えられねばならなかった。なぜなら以前の像は新たに知られるようになった知覚内容と一致できなくなったからである。医師のフランツ博士が生まれた時から眼の見えなかった人の手術に成功した時、この患者は彼に、手術する以前は触覚による知覚内容を通して、周囲の事物の大きさをまったく別様に想像していた、と語ったという。触覚による知覚内容が視覚による知覚内容によって訂正されたのである。

観察内容がこのようにして絶えず訂正を促されるのは、一体どうしてなのであろうか。この問いに対しては、少し考えてみるだけで答えが与えられる。並木道の一端に立つと、樹木が遠い方へ向かってますます小さく、ますます互いに接近していくように見える。観察する地点を変えると、その知覚像も変化する。したがって、私の眼の前に現れる知覚像は、対象そのものにではなく、知覚する私の在り方に依存している。並木道にとっては、私がどこに立っていようと同じことであろうが、並木道から受け取る私の印象は本質的に私の立っている場所に依存している。同じ意味で、太陽にとっても惑星全体にとっても、それらを人間が地上のどこから眺めようと同じことであろうが、それを眺める人間の知覚像は、その人のいる場所に規定されている。このように知覚像がわれわれの観察場所に依存していることは、簡単に理解できるが、自分の知覚世界が身体的精神的な組織に依存していることを知ろうとすると、事情はもっと困難になる。物理学者は音響を聞くことのできる空間の中では空気が振動していること、そして音響の原因となっている物体も振動していることを教える。われわれが正常な耳を持っているなら、この振動を音響として知覚する。もしそのような知覚器官がなければ、世界全体は永遠に沈黙したままであろう。生理学はわれわれの周囲を取り巻く壮麗な色彩世界が何一つ知覚できない人のいることを教えている。その人の知覚像は明暗のニュアンスとしてしか現れてこない。別の人は特定の色例えば赤い色を知覚できない。その人の世界像には、赤の色調が欠けており、それ故通常の人の場合とは異なっている。私はここで知覚像が観察場所に依存している場合を数学的依存性、身体器官に依存している場合を質的依存性と名づけておく。数学的依存性によって、私の知覚内容の大きさの関係や相互の距離が規定され、質的依存性によって、その質的内容が規定される。私が赤い色面を赤と見る場合、この色面は眼という私の身体器官に依存している。

したがって、知覚像はさしあたり主観的なものであると言える。われわれの知覚内容が主観的な性格を持っているということを認めると、そもそも何か客観的なものがその根底に存するのかどうかも疑問に思えてくる。例えば赤い色や特定の音の知覚がわれわれの身体組織の在り方を前提にしなければ不可能だ、ということを知らされるとき、そのような主観的な身体組織の在り方なしには、そもそもいかなる知覚内容も存在し得ない、と思わざるを得ないし、知覚行為そのものなしにはそもそもいかなる知覚対象の存在も考えられない、と思わざるを得ない。ジョージ・バークレーは、このような観点の古典的な代表者である。彼の意見によれば、知覚内容にとっての主観の意味を知った瞬間に、人はもはや意識する精神なしに存在する世界を信じることなどできなくなる。彼は述べている。「いくつかの真理はあまりにも明らかなので、それを見るには眼を開けさえすればよい位である。そのような真理の一つは以下に示す重要な命題である。すなわち天上の全合唱、地上に生起するすべて、一言でいえば全宇宙という壮大な構造物のすべては、精神の外では決して存在し得ない。それらの事物の存在は知覚され、認識されることによって成り立っている。したがってそのすべては、私によって知覚されるのでもなく、また私や他の被造物の意識の中で存在しているのでもない限り、そもそもどこにも存在し得ないか、あるいは永遠なる神霊の意識の中にしか存在していない」。このような観点に立てば、知覚されているもの以外にはそもそもいかなる知覚内容も存在しないことになる。誰にも見られていない色、誰にも聞かれていない音は、そもそもどこにも存在しない。色や音だけではなく、延長も形態も運動も知覚行為の外には存在していない。単なる延長あるいは形態などはどこにもない。それらは常に、色その他の、疑いもなくわれわれの主観に依存している諸特性に結びついて存在している。そのような諸特性がわれわれの知覚内容から消えてしまうと、それと結びついた延長や形態もまた同じように消え去ってしまわなければならない。たとえ形姿、色彩、音響などが知覚行為の中にしか存在していないにしても、意識なしにも意識された知覚像に似た事物が存在しているに違いないという批判に対して、この観点に立つ人は次のように反論する。或る色は或る色に似ているだけにすぎず、或る形姿は或る形姿に似ているだけにすぎない。われわれの知覚内容はわれわれの知覚内容にのみ似ているのであって、まったく別の何かに似ているなどということはあり得ない。われわれが対象と名づけるものも、特定の仕方で互いに結び合った一群の知覚内容であるにすぎない。「机」から形態、延長、色彩等々、つまり私の知覚内容をすべて取り去ってしまえば、もはや何も後には残らなくなる。――このような考え方を首尾一貫して押し進めれば、次のような主張にまで到るであろう。私の知覚対象はもっぱら私によって存在している。しかも私がそれを知覚する限りにおいてである。そのような対象は知覚行為が終われば、それと共に消え去る。知覚行為がなければ、何の意味もない。私の知覚内容以外にはいかなる対象もないし、そのような対象を考えることもできない。

以上の主張に反対しようとすれば、知覚内容が私の主観のあり方に規定されている、という観点から一旦は離れなければならない。けれども、どのような知覚機能が知覚内容を生じさせるのかを述べることができれば、この問題は本質的に異なってくる。その場合には、知覚行為を行っている間に、何が知覚内容として生じてくるかを知るであろうし、知覚される以前の知覚内容の中に何がすでに存在しているかについても、答えることができるであろう。

これと共に、われわれの考察は知覚の対象から知覚する主観へ向けられることになる。私は自分以外の事物を知覚するだけではなく、自分自身をも知覚する。私自身を知覚する場合、その知覚内容は常に現れては消える知覚像なのではなく、永続する私自身である。他の知覚内容を持っている間にも、私という知覚内容はいつでも意識の中に立ち現れることができる。特定の対象の知覚に専念しているとき、私はまずこの対象についての意識だけを持っている。しかしそれに加えて私自身についての知覚内容も現れる。その時には、対象について意識するだけでなく、その対象に向かってそれを観察する私の人格をも意識する。私は一本の木を見るだけではなく、その木を見ているのが私であるということをも意識する。私はまた、木を観察しているとき、私の中に何かが生じていることをも認識する。その木が私の視野から消えてしまっても、私の意識の中にはこの知覚行為の名残として、木の像が残る。この像は、観察している間は私の自我と結びついていた。私の自我はそれによって豊かにされた。私の自我の内容は新しい要素を自分の中に取り込んだ。この新しい要素を私は木についての私の表象と呼ぶ。私の自我の知覚の中でこの表象を体験しなかったならば、私は決して表象について語れないであろう。知覚内容は現れたり消えたりするかも知れない。私はそれが眼の前を通過するままにしておく。しかし私が自分の自我を知覚するとき、そしてその自我の内容が知覚内容と共に変化するのを認めるとき、はじめて私は対象の観察と私自身の状態の変化とを関連づけて、そして表象が生じたことに気づかされるのである。

私は、外なる対象の中に色や音を知覚するのと同じ意味で、表象を自我の中に知覚する。このようにしてはじめて私は自分が向かい合う対象を外なる世界と呼び、私自身の知覚内容を内なる世界と呼んで区別することができる。内なる表象と外なる対象との関係を誤解することによって近代哲学は最大の誤謬に陥った。内なる変化の知覚、自我の変容の経験が前面に押し出され、この変化を惹き起こした外なる対象はまったく視界から消されてしまった。そして次のような言い方が現れてきた。「われわれの知覚するものは対象ではなく、われわれの表象にすぎない。私の観察対象である机そのものについて、私は何も知ることができない。机を知覚している私自身の中に生じる変化だけしか知ることができない」。このような言い方と、すでに触れたバークレーの立場とを混同してはならない。バークレーが主張しているのは知覚内容の主観的性質についてであって、表象内容以上のものを知ることはできない、と言ってはいないのである。彼が知識を表象内容だけに限定しようとするのは、表象しなければ対象がどこにも存在しなくなるからである。私が机と見做しているものは、バークレーの意味においていえば、私が眼差しをそれに向けなくなると、もはや存在しなくなる。それ故バークレーは、私の知覚内容を直接神の力によって生じさせている。私が机を見るのは、神がこの知覚内容を私の中に呼び起こすからなのである。バークレーは神と人間以外にも現実に存在するものがあるとは考えない。われわれが世界と呼ぶものは、精神の内部に存在しているだけなのである。素朴な人間が外なる世界とか自然物とかと呼ぶものは、バークレーにとっては存在していない。バークレーのこの見方に対立するものとして、今日支配的な影響力を持っているカントの見方があるが、後者は世界についての認識をわれわれの表象内容だけに限定している。カントがそのような立場をとるのは、表象以外のところにはどんな事物も存在し得ないと確信しているからなのではなく、われわれの認識の在り方からいって、自分の自我の変化についてなら経験できても、この変化を惹き起こす事物そのものについては経験できないと信じているからである。この見方に立つことができるのは、私が私の表象内容以上のことを知ることができないからであって、この表象内容から独立した存在などどこにもあり得ないからなのではない。主観はそのような存在を直接受け取ることはできない。「主観的な思考内容という媒体を通してのみ、想像したり、仮説を述べたり、考えたり、認識したり、あるいは認識しなかったりすることができるだけ」(オットー・リープマン『現実の分析』二八頁)なのである。この観点は絶対に正しく、証明しなくても直接理解できると信じられている。「哲学者がまず第一にはっきり認識していなければならない基本命題は、われわれの知識が表象の範囲をさしあたり越えることはないということである。われわれが直接経験し、体験する唯一のものは表象である。表象は直接経験されるので、どんな徹底した懐疑も表象を知ることを否定はできない。私が表象という言葉を使うとき、それを常に最も広い意味にとっている。したがってすべての心の働きも表象に数えられる。その意味での表象を越える知識は懐疑から身を守ることができない。したがって哲学することのはじめに、表象を越える知識はすべて疑わしい、と考えなければならない」。このような言葉でフォルケルトはその著『イマヌエル・カントの認識論』を始めている。けれどもまるで自明の理であるかのようにここで述べられていることは実際は次のような思考作業の結果にすぎない。——素朴な人は知覚対象が自分の意識の外にも存在している、と信じる。けれども物理学も生理学や心理学も、われわれの身体組織が知覚のためになくてはならないと教える。われわれは自分の身体組織が事物について提示してくれる以外の何物をも知ることができない。つまりわれわれの知覚内容は事物そのものなのではなく、われわれの身体組織のひとつの現れにすぎない。このような思考過程をエドゥアルト・フォン・ハルトマンは実際に取り上げて、直接的な知識は表象からしか得られないという命題を十分納得できるものだと述べている（『認識論の基本問題』一六―四〇頁）。われわれに音響を感じさせる物体や空気の振動はわれわれの身体の外にある。したがってその音響は外界の振動に対する生体の主観的な反応にすぎないと思わざるを得ない。同じように色と熱もわれわれの生体の表現にすぎない。つまり色と熱という二種類の知覚内容は、われわれの色彩体験、熱体験とはまったく異なる外界の経過の作用によって惹き起こされる。人体の皮膚神経をこの経過が刺戟するとき、われわれは主観的な熱知覚を持ち、その経過が視神経に作用するとき、光と色を知覚する。だから光も色も熱も外からの刺戟に対するわれわれの知覚の応答なのである。触覚もまた外界の対象をではなく、もっぱら私自身の状態を表している。近代物理学の考え方からすれば、すべての物体は無限に小さな分子から成り立っており、分子と分子は直接くっつき合ってはおらず、互いに一定の距離を保っている。したがってそれらの間にはすき間があり、互いに吸引力と反発力によって働き合っている。私が或る物体に手を触れたとしても、私の手の分子はその物体の分子と直接触れたのではなく、手と物体との間には一定の距離が保たれている。私が物体の抵抗として感じるものは、その物体の分子が私の手に及ぼす反発力の結果でしかない。私はただ物体の外側で、私の体に対するその物体の作用を知覚するにすぎない。

以上のような考察を補足するものとして現れたのがJ・ミュラー(一八〇一―五八)の発表したいわゆる感覚エネルギー論である。それによれば、すべての感覚は外からの刺戟に対して、それぞれ特定の仕方で反応する。ひとつの刺戟が視神経に働きかけると、光の知覚が生じる。その刺戟が光と呼ばれるものであろうと、機械的な圧迫や電流であろうと、同じ結果になる。他方、さまざまの感覚器官の中で同じ外からの刺戟がさまざまの知覚内容を呼び起こす。したがってわれわれの感覚が提供するものは、感覚自身の内部経過であって、外界の経過ではない、ということになる。或る感覚が与える知覚内容は、その感覚の性質に依存している。

生理学は、対象が感覚器官の中に呼び起こすものを直接知ることなどまったくできないと教える。生理学者は人体内の働きの経過を辿り、そして外界からの作用がすでに感覚器官の中でさまざまに変えられてしまうことに気がつく。そのことは眼と耳の場合に最も明らかに現れている。眼も耳も非常に複雑な器官であって、外からの刺戟を受けると、神経に刺戟を伝達する以前に、それを根本から変化させてしまう。そしてすでに作り変えられた刺戟が神経の末端から脳にまで伝えられると、その脳の中ではじめて中枢器官が刺戟される。このことからも理解できるように外界の出来事は、それが意識にもたらされる以前に、生理的に一連の変化を経ている。脳の中に現れるものは数多くの中間段階での経過を通して外界の事象と結ばれているが、その間に外界の事象との類似はもはや考えられないくらいにまで変化させられている。つまり脳が最後に魂に提供するものは外界の事象でもなければ、感覚器官内での経過でもなく、もっぱら脳内での経過に限られる。しかし脳内でのその経過も、魂は直接知覚するのではない。最終的に意識化されるのは脳内の経過ではなく、感覚内容なのである。赤い色の感覚内容は、その色を感じたときに私の脳内で生じた事象とは全然似ていない。赤い色は結果として魂の中に現れる。それ故ハルトマン(『認識論の基本問題』三七頁)は次のように述べている。「主観が知覚するものは、常に自分の心的状態の現れである。それ以外の何物でもない」。私が個々の感覚体験を持つとき、その体験はまだ私が事物として知覚するものの中には組み入れられていない。確かに脳は感覚体験の一つ一つを私に提供してくれる。硬さ軟かさの感覚体験は触覚によって与えられ、色と光の感覚体験は視覚によって与えられる。けれどもこれらの異なる個々の知覚体験を同じひとつの対象に結び合わせる働きは、魂そのものによって作り出されねばならない。言い換えれば、脳の提示する個々の知覚体験を魂が結合して、物体にまとめ上げる。視覚、触覚、聴覚などの個々の感覚体験を提供してくれるのは脳である。知覚体験の成立過程はそれぞれにまったく異なる。それらを魂が最後に結び合わせて、トランペットという表象を作る。この一連の経過の最終部分であるトランペットの表象は、私の意識のために、ここではじめて与えられる。私の外にあってまずはじめに私の諸感覚に印象を刻みつけたものの痕跡は、もはや私の意識の中のどこにも見出せない。外的対象は脳へ向かい、脳を通り、そして魂へ到る道程の中で、完全にどこかへ消えてしまっている。

これまでの精神生活の歴史を振り返ってみても、ハルトマンのこの最高度に透徹した、それでいてよく吟味してみれば、無の中に崩壊してしまうような知的構造物のような例を他に見出すことは困難であると言えよう。それがどのようにして作り上げられているか、もう一度よく吟味してみよう。彼はまず、素朴な意識に所与として与えられているもの、すなわち知覚された事物から出発する。次いでこの事物に見出せるものはすべて、もしわれわれに感覚がなければ、まったく存在しない、ということを知らせる。眼がなければ色もないのである。したがって色は眼に働きかけるものの中にはまだ存在していない。それは眼と対象との相互作用の中ではじめて現れてくる。それ故外界のすべての事物は色彩を持っていない。とはいえ、色彩は眼の中にも存在していない。なぜなら眼の中には化学的、物理的な経過が存在するだけであり、それが神経を通って脳にまで伝えられ、そこで別な経過を生じさせるのだからである。しかしこの経過もまだ色彩ではない。色彩は、脳の働きを通して、魂の中ではじめて呼び起こされる。とはいえそれは依然としてまだ意識化されていない。それはまず魂によって外なる物体に移し換えられる。そして私は最後に物体において色を知覚していると信じるようになる。こうしてひとつの完全な円運動をしたことになる。こうして色のある物体が意識される。これが第一の手続きである。さて、ここからさらに思考作業が続けられる。私に眼がなければ、物体にも色がない。色を勝手に物体に与えることはできない。私は色を探し求める。まず眼の中に求めたが、その結果は空しかった。神経の中に求めても空しかった。脳の中でも同じように空しかった。魂の中ではじめてそれを見出すことができたが、しかしまだ物体と結びついてはいない。色彩ゆたかな物体を私が見出すのは、私がそこから出発したもとの場所においてである。かくして円が閉ざされる。素朴な人間が外なる空間の中に存在していると考えるものを、魂の所産として認識したのだ、と私は信じている。

このようなところに立ち止まる限りは、確かにすべてが見事な秩序の下に現れるであろう。けれども問題をもう一度はじめからやり直さなければならない。これまで私は一つのものとだけ関わり合ってきた。すなわち外なる知覚内容とだけである。これまで私は素朴な人間として、事物についてまったく間違った見方をしてきた。私は自分が知覚している通りの客観的な事物を所有していると考えていた。けれども今、それは私の表象の中に溶け込んでしまっている。それが私の魂の状態のひとつの現れにすぎないことに私は気づいている。だから外なる知覚内容から考察を始めるわけにはいかなくなってしまった。一体外なる対象が私の魂に働きかける、というような言い方ができるのだろうか。これまではそれが私に働きかけて、私の中にそれについての表象を作り出すのだと信じてきた。しかし例えば机を単なる表象と見做して処理しなければならないのであれば、私の感覚器官も、その中での諸経過も、単なる主観的なものでしかなくなる。眼について語る権利さえも私は持てなくなる。ただ眼についての私の表象があるだけなのだから。同様のことは神経の伝達についても、脳の働きについても、それどころか魂の経過、多種多様な感覚内容のカオスから、事物の世界が打ち建てられてきたはずのその経過についても言うことができる。私が前の方の思考作業の正しさを前提として、私の認識行為の諸部分をもう一度辿っていくと、後の方の過程が互いに作用し合えずにいる諸表象の網のように現れてくる。対象についての私の表象が眼についての私の表象に働きかけ、そしてその相互作用から色についての表象が生じるなどとは言うことができないし、第一そんなことを言う必要もない。私の感覚器官や神経の働きも魂の働きも、すべて知覚によってしか与えられないということがはっきりすれば、このような考え方はまったく不可能になる。感覚器官がなければ、知覚内容は存在しない、というのは正しい。けれどもそもそも知覚内容がないのなら、感覚器官も存在し得ない。机についての知覚内容から出発して、その机を眺める眼やそれに触れている手の神経にいくことはできる。けれども眼や手の神経などの働きをも私はまたもやもっぱら知覚内容からのみ経験することができる。眼の働きの中には色の知覚内容に似ているようなものなどどこにも存在していないということにすぐに気づかされるが、しかしそうだからといって、色の知覚内容そのものを、そのことを理由に否定することはできない。私は神経や脳の働きの中にも色を認めることができないが、私はただそれらの自分の生体内の新しく見つけ出した知覚内容を、素朴な人間が生体の外に移したはじめての知覚内容と結びつける。私はただ一つの知覚内容から別の知覚内容へ移っていくだけである。

　このこと以外にも、以上の推論の全過程の中には飛躍がある。私は自分の生体内の諸経過を脳の働きのところまで辿ることができるが、その際私が脳の中枢部分に近づけば近づくほど、私の仮説はますます非現実的なものになっていく。外から観察する道は脳内の諸経過までで途絶えてしまう。その道は科学的方法を用い、物理、化学上の補助手段などを用いて脳を観察するときに知覚できるところまでで行き止まりなのである。そこからは内から観察する道が始まるが、この道は感覚に始まり、事物をその感覚素材をもとにして組み立てるところにまで到る。とはいえ脳の経過から感覚へ移る部分で、観察の道は中断されている。

素朴な意識の観点を素朴実在論として退け、自らを批判的観念論と名づけている、以上に述べた立場の誤りは、一つの知覚内容だけを表象であると規定しながら、別の知覚内容を自分が克服したと思っている当の素朴実在論のやり方で受け容れている点にある。この立場は知覚内容も表象であることを証明しようとしているが、素朴なことには、自分自身の生体を知覚するときだけは、それを客観的に通用する事実であると考えている。そしてその上何よりもひどいことには、自分がその間に道をつけることのできなかった二つの観察領域を混同していることに気づいていないのである。

批判的観念論が素朴実在論を克服できるのは、素朴実在論的な仕方で自分の生体を客観的に実在するものと仮定できたときだけなのである。生体という知覚内容も素朴実在論が客観的に実在していると考える知覚内容も、まったく同じものなのだと気づいた瞬間に、この立場は生体を確実な土台として、その上に安住することがもはやできなくなる。自分の主観的な生体組織をも単なる表象複合体にすぎないと思わざるを得なくなる。しかしそうなってしまえば、知覚された世界内容を精神の機能によって産み出されたものと考えることはできない。「色彩」という表象は「眼」という表象の変化したものにすぎないことになる。いわゆる批判的観念論は素朴実在論に寄りかかることなしに、その正しさを証明することができないのである。素朴実在論を克服するには、その前提としているものを別の領域で無批判に通用させることが必要なのである。

以上の点から次のことが明らかになる。――批判的観念論は知覚世界に安住したままでは、何を探究しようとも、自分の立場を証明できないし、知覚内容の客観的性格を否定することもできない。

いずれにしても、「知覚された世界は私の表象である」を何ら証明を要しない自明の命題として立てることは許されない。ショーペンハウアーは主著『意志と表象としての世界』を次の言葉で始めている。「世界は私の表象である。この世で認識生活を行うすべての存在にとって、このことは真理である。そして人間だけがこの言葉を内省的な抽象意識の中に持ち込むことができる。そして人間がそうできたとき、哲学的な思索がその人間の中で始まったのである。このことによって明確になるのは、自分の知り得るものが太陽でも地球でもなく、太陽を見る眼にすぎず、大地を感じ取る手にすぎないということである。さらにまた、周囲を取り巻く世界がもっぱら表象としてのみ存在するということ、言い換えれば、他のもの、表象するもの、つまりその人自身との関係においてのみ存在しているということである。――もし何らかの真理を先天的に語ることができるとしたら、それはこのことの他にはない。なぜならその真理は時間、空間、因果性などのような、考え得る一切の経験形式よりも、もっと普遍的な形式を語っているのだからである。実際それ以外の経験形式、つまり時間、空間、因果性などはすべて、この形式を前提にしている……」。この文章全体は、私がすでに述べた事情を考えれば、意味を失う。すなわち眼も手も、太陽や地球に劣らず、まさに知覚内容なのである。そこでわれわれはショーペンハウアーの意味において、ショーペンハウアーの表現を真似して、上の文章を次のように書き換えたいと思う。太陽を見る私の眼も、大地に触れる私の手も、太陽や地球そのものとまったく同じように私の表象なのだ、と。こう言ってしまえば、この命題がもはや存立し得なくなることは明らかである。なぜなら私の実際の眼や手ならば、太陽や地球という表象を、自分が生み出したものとして所有することができるであろうが、私の表象である眼や手がそうすることはできないからである。ただ批判的観念論だけが、そのようなことさえも語れるのである。

批判的観念論は知覚内容と表象との関係について、まったく見通しのきかないところに立っている。八三頁以下に述べておいたが、知覚行為を行うときにはじめて知覚内容として生じてくるものと、それが知覚される以前にすでにそこに存在していなければならないものとの区別を、この立場はつけることができない。したがってこの区別をつけるためには、別な道を辿らねばならない。

以上の考察から分ったのは、知覚内容が表象にすぎないことを、観察内容の吟味を通して証明することはできない、ということである。もしもこのことを証明しようとするのならば、個体の心理的、生理的な構造を、素朴実在論的に前提した上で、知覚過程をこの構造によって表象されたものと考えねばならない。さらにその場合の知覚過程が、事物それ自体にではなく、もっぱら事物についての表象に関わっていることを示さねばならない。つまり素朴実在論を首尾一貫させると、その結果、素朴実在論とは正反対のところに陥ってしまう。したがってこの立場は、世界観を構築する上では、不適当なものとして捨てられねばならない。いずれにせよ、前提を捨てて、その結果だけを受け容れようとすることはできない。ところが批判的観念論者は、世界は私の表象である、という主張を、今述べたような証明方法で正当化しようとしているのである。（エドゥアルト・フォン・ハルトマンは、その著『認識論の基本問題』の中で、このような証明方法を詳しく列挙している。）

批判的観念論の正当性とその証明の説得力とは相互矛盾の関係にある。批判的観念論の正当性については後であらためて問題にしようと思う。しかしその証明の説得力ははじめからないに等しい。家を建てるとき、二階を建築している最中に、一階が崩れたら、二階も崩れ落ちる。素朴実在論と批判的観念論との関係は、ちょうど一階と二階との関係なのである。

知覚された世界全体が単なる表象世界にすぎず、しかも私にとって未知なる事物が私の魂に作用する結果にすぎない、と考える人にとって、本来の認識の問いは魂の中だけに存在する表象内容にではなく、意識の彼方に、われわれから独立して存する事物に向けられている。事物が直接観察の対象になり得ないので、どこまで間接的にそれを認識できるのかが問われる。この観点に立つ人は、意識化された知覚内容相互の内的な関連には何も興味を示さず、ただこの知覚内容の原因となっている意識化できないものだけに関心を向ける。しかもその一方で、感覚器官が事物に向けられなくなるや否や、知覚内容も消え去ると考えている。この観点からすれば、われわれの意識は鏡のようなものでしかない。鏡の像もまたそれを映し出す鏡面が向きを変えれば、たちどころに消えてしまう。けれども事物そのものを見ず、もっぱら事物の鏡像だけしか見ない人は、事物そのものの性質を鏡像から間接的に推測しなければならない。近代自然科学はこのような立場に立っている。近代自然科学は知覚内容の背後にあって、それだけが真実な在り方を示している微粒子の運動を理解するためにのみ、知覚内容を最後の手段として利用する。批判的観念論者が或る存在を問題にするときの認識行為は、表象内容をもっぱら間接的に利用しながらこの存在に関わっていく。哲学者の関心は表象という主観的世界を飛び越えて、表象を産み出すものへ向けられる。

けれども批判的観念論者が行きつくところはせいぜい「私は自分の表象世界の中に閉ざされており、そこから抜け出ることはできない」と言うことぐらいなのである。或る事物が私の表象内容の背後にあると考えるにしても、この考えそのものもまた私の表象内容以外のものではない。したがってこのような観念論者の立場は物それ自体をまったく否定してしまうか、あるいはそれがわれわれ人間にとって何の意味も持ち得ず、それについて何も知り得ないという点で、存在しないに等しい、と説明するかのどちらかになるであろう。

このような批判的観念論者にとっては世界全体が夢のように現れる。その夢に向かうとき、認識の努力はすべて何の意味も持ち得なくなる。そこにはただ二種類の人間しか存在していない。夢の織りなす世界を真実の世界と思うとらわれた人たちと、この夢の世界の空なることを洞察する賢者たちとである。しかしその賢者は、次第に夢の世界への興味を失わざるを得ない。その観点に立てば、自分の人格もまた単なる夢になってしまいかねない。睡眠中の夢の中ではわれわれ自身も夢の形象となって現れるように、それとまったく同じ仕方で、目覚めた意識の中で、われわれの自我表象が外なる表象世界の中に加わる。

だから意識の内部に存在するのは、われわれの本当の自我なのではなく、自我表象であるにすぎない。事物の存在を、あるいは少なくとも事物を認識する可能性を否定する人は、自分の人格の存在を、あるいはその存在を認識する可能性を否定しなければならない。こうして批判的観念論者は次のような主張に辿りつく。「すべての現実が今、すばらしい夢と化してしまった。夢を生み出す人生もなければ、夢を見る精神もない。あるのは夢の中で夢と関わっている夢そのものだけである」（フィヒテ「人間の使命」参照）。

ありのままの人生を夢と認識している人がこの夢の背後に何も存在していないと思うのか、それとも夢の表象内容を現実の事物と結びつけているのかはどうでもよい。いずれにしてもその人にとって、人生そのものは学問的な興味の対象にはならなくなるに違いない。われわれの世界が夢以外のものではないと信じる人にとって、すべての学問は無意味なものでしかない。けれども表象から事物を推理できると信じる人にとっては、学問は「物それ自体」を研究することにあると言えるであろう。前者の世界観は絶対的幻想主義という名で呼ぶことができ、後者の立場はその最も徹底した代表者であるエドゥアルト・フォン・ハルトマンの言うように、超越論的実在論と名づけられよう。[註]

**註** 超越論的とは、この立場の意味では、物それ自体について、直接的には何も表現できなくても、既知なる主観から、その主観の彼方に存する（超越的な）未知なるものへ、間接的に推論を進めていくことができると信じる認識態度を言う。この見方によれば、物それ自体は直接認識できる世界の彼方に、つまり超越したところに存在している。しかしわれわれの世界はこの超越世界に対して超越論的に関わることができる。ハルトマンの立場が実在論であるというのは、それが主観つまり観念を超えて超越的なるもの、つまり実在するものに関わっていくからである。

この二つの観点は、知覚内容を研究することによって、外界の中に足場を固めようとする点で素朴実在論と同じ立場に立っている。けれども知覚内容のどこにも確かな地点を見出せないでいる。

超越論的実在論の信奉者にとっての主要問題は次の点にあるであろう。——いかにして自我は自分自身の中から表象世界を生じさせるのか。われわれに与えられる表象世界はわれわれが感覚を外界に対して閉ざすや否や、消え去ってしまう。そうだとすれば、表象世界に対する真剣な認識努力は、その世界が即自的に存在する自我の世界を間接的にでも探求する手段となりうる限りにおいて、意味を持つことができる。われわれの経験内容が表象内容であるとすれば、日常生活は夢のようなものになってしまい、真の事実認識によってのみ目覚めが可能になる。われわれの夢の内容もまた、夢見ている限り、つまりそれが夢であると洞察しないでいる限りは、われわれの興味を惹きつけるが、目覚めた瞬間にわれわれは夢内容の内的関連を問わないで、それを生み出すきっかけとなった物理的、生理的、もしくは心理的な経過を考え始める。世界を表象であると考える哲学者も同じ意味で、個々の表象内容の内的関連に対して興味を持つことができない。哲学者は、そもそも自我の存在を認める限り、自我の夢である表象世界の一つの内容が他の内容とどう関連しているかを問わない。むしろ意識が特定の表象活動を行っているときに、一体何がこの関連から独立して存在している魂の中に生じるのかを問うであろう。酒を飲む夢を見たときその酒が喉を刺戟し、そして咳の発作と共に目が覚めたとしよう（ヴァイガント『夢の成立』一八九三年参照）。その場合目覚めた瞬間に、私は夢の筋には関心を持たなくなる。私の注意はただ咳の発作を惹き起こし、それが象徴的に夢となって表現された際の生理的、心理的な経過だけに向けられる。同じように哲学者は、眼前に存在する世界が表象にすぎないと確信するや否や、直ちにこの世界からその背後に潜む魂の現実へ飛び越えていかざるを得ない。幻想主義になると、表象の背後に存在する自我そのものを全的に否定するか、あるいは少なくともそれを認識できぬものと見做すので、もっとひどいことになる。幻想主義の考え方によれば、夢と並んで、確かに目覚めの状態も存在する。そこでは夢を夢として認識し、それと現実との関係を明らかにする機会が与えられているけれども、夢を日常生活と対比させる場合、目覚めの状態に対応するような真実の立場を持つことはわれわれにはできない。つまり夢に対する覚醒時の経験に較べられるような単なる知覚を超えた立場がわれわれに与えられているとは思えない、と考えるのである。しかしそのような立場に立つ人には、単なる知覚に対して、ちょうど夢に対する目覚めの状態の経験に相当するような何かが確かに存在することが分らないのである。そしてそのような何かとは思考に他ならない。

素朴な人間の場合には、このような理解がなくても仕方がないかも知れない。ただ生きることに没頭して、経験の中で示される通りの事物を真実のものと考えているのだから。けれども次のように問いさえすれば、直ちに素朴な立場から一歩先へ進むことになる。――「思考は知覚内容に対してどのような関係にあるのか」。その際知覚内容として私に与えられた形姿が、それを表象する前と同じように、その後にも存在し続けるのかどうかはまったくどうでもよい。いずれにせよ、私が知覚内容について何事かを語ろうとすれば、思考の助けを借りなければならないのである。世界は私の表象であると語るとき、私は思考のいとなみの成果を語っているのである。私の思考が世界を対象にできなければ、思考のこの成果は誤謬だったことになる。知覚内容とそれについての言表との間には、思考が介在している。

事物を考察する際に思考を見過ごしてしまいがちになる理由はすでに述べた（五五頁以下参照）。つまり、思考対象のみに眼を向け、思考そのものには注意を向けないからである。それ故素朴な意識は、事物とは関わりのないもの、事物と離れて、遠くから世界を考察しているものが思考だと考えてしまう。そして思考する人が世界の諸現象について作り上げる思考内容を、事物に属するものではなく、その人の頭の中に存在しているだけのものだと見做す。世界はこのような思考内容なしにも、それとは別に存在しており、その実体はすでに出来上がっている。そして人びとはその出来上がった世界についての思考内容を後から作り上げているだけだ、というのである。こう考える人に対して、われわれは次のように問わねばならない。どのような根拠から、君たちは思考内容なしの世界を出来上がったものと主張できるのか。世界が人間の頭の中に思考を、植物の中に花が咲き出るのと同じ必然性をもって、生じさせるのではないのか。種子を地面にまけば、そこから根が生え、茎が生じ、葉を拡げ、花を咲かせる。そのような植物を眼の前に置いてみたまえ。その植物は、君たちの魂の中で、特定の概念と結びつく。一体なぜそのような概念が葉や花と同じようにこの植物全体に属している、とは言えないのか。葉や花はそれを知覚する主観なしにも存在するが、概念は人間がその植物の前に立ったときはじめて現れる、と君たちは言うのか。その通りかも知れない。しかし花や葉もまた、大地に種がまかれ、そこに光や空気や水が存在するとき、つまり葉や花に成長する条件が与えられたとき、はじめて生じてくるのではないのか。植物についての概念もまた、同じように、思考する意識がその植物に出会ったときにはじめて生じてくるのだ。

単なる知覚内容の総計をひとつの全体性であり、それに対する思考による考察を事物と無関係の付加物であると見做すのは、まったく恣意的なことである。ばらの蕾を見たとき、私の知覚に現れるその姿は、はじめは完結しているように見えるが、その蕾に水が与えられると、明日はまったく違った姿となって現れる。ばらの蕾から眼を離さなければ、今日の状態から明日の状態まで、無数の中間段階を通って持続的に変化していく姿を私は見る。或る瞬間に現れる姿は、絶えざる変化を遂げつつある対象の或る一断面にすぎない。私がそのばらを水につけなければ、そこから生じたであろうような一連の変化をばらは遂げずに終わる。同じように、私も明日その花を観察できなければ、不完全なばらの姿しか経験できない。

特定の時間内に現れる姿だけを見て、これが事実だと主張するのは、真実から離れた、そして偶然にとらわれた発言になってしまう。

知覚内容の総計を事実だと主張することも、同様に支持し難い。或る精神が知覚内容から直ちにそれと結びついた概念を作り上げることは不可能ではないであろうが、そのような精神ならば概念が事実の一部分でないなどとは考えようともしないであろう。概念を事物と不可分に結びついた存在であると考えるに違いない。

ここで私はさらに別な例を引いて、事柄の本質をより明らかにしようと思う。石を水平の方向に向かって投げれば、石はさまざまな場所を移動していく。私はそれらの場所を一つの線で結びつける。数学で習うさまざまな線形の中の放物線を、私は点が特定の法則に従って運動するときに作り出す線として知っている。投げられた石が運動するときの諸条件を調べると、その運動の線が放物線として知られる線と同一であることが分る。したがって投げた石が放物線上を移動するということは、与えられた諸条件から生じる必然の結果である。放物線上の個々の位置はどれをとってもひとつの全体に属している。思考という廻り道をとらずにすむような上述の精神があったとすれば、さまざまな場所において観察されるものの総計だけでなく、その現象と不可分な仕方で存在している放物線という形式をも見て取るであろう。しかしわれわれの精神はそのような形式を思考を通してのみ現象に付け加えることができるのである。

はじめは対応する概念なしに、対象だけがわれわれに与えられる。このことは対象に基づく事柄ではなく、われわれ自身の精神構造に基づく事柄である。どのような事物の場合にも、現実は二つの側面から考察する者の前に現れてくる。つまり知覚と思考の両面からである。そしてこのことは、われわれ人間存在の全体的な在り方に基づいている。

事物を把握する際の私の在り方がどのようなものであるかということは、事物の本質には無関係である。知覚と思考を隔てる壁は、考察する私が事物に向かい合う瞬間に生じる。しかしどの要素が事物に属するのか、または属さないのかということと、私がどのような仕方でその要素を知るようになるのかということとはまったく相互に無関係である。

人間は限界づけられた存在である。第一に人間は他の諸存在の中の一存在である。人間の生活は空間と時間に従っている。それ故、常に全宇宙の特定部分だけが彼に与えられている。しかもこの特定部分は、時間的にも空間的にも周囲の他の存在と結びついて存在している。われわれの生活が事物と深く結びつき、すべての宇宙の出来事が同時にわれわれの出来事でもあるとすればわれわれと事物との間の区別は存在しなくなる。しかしその場合には、われわれにとっていかなる個物も存在しない。すべての出来事が持続的になり、互いに移行し合う。宇宙は統一体となり自己完結的な全体性を成し、出来事の流れはどこにおいても中断されない。われわれが限定されているからこそ、実際には個別的でないものも、個別的に現れる。例えば赤色という個別の性質が単独に存在することは決してない。いたるところで他の色に取り巻かれている。そしてそのような他の色なしには、赤色も存在し得ない。しかしわれわれには、世界から特定の断面を切り取り、それをそれ自身として考察することが必要である。われわれの眼は、多様な色彩全体の中から、個々の色を一つ一つ取り出して把握することができ、われわれの悟性は互いに関連し合った概念組織の中から、個別概念を取り出して理解することができる。この取り出す作業はひとつの主観的な行為であって、それはわれわれ自身が宇宙経過と一体なのではなく、多くの存在の中の一存在でしかないという事情によるのである。

大切なのは、われわれ自身と他の諸存在との関係を明らかにすることである。この関係を明らかにすることとわれわれが自分を意識することとは異なる。自己の意識化は、すべて他の事物の意識化と同様に、知覚行為に基づいている。自己知覚は、例えば黄色、金属の輝き、硬さ等の諸性質をもとにして、「黄金」という統一体をまとめ上げるのと同じような仕方で、私の人格全体をまとめ上げるために必要な諸性質の合計を私に示してくれる。自己知覚は私に属している領域から私を連れ出してはくれない。この自己知覚は、思考による自己規定と区別されねばならない。思考を通して外界の個別的な知覚内容が世界全体に関連づけられるように、私は思考を通して自分自身の知覚内容を宇宙のいとなみの中に組み入れる。自己知覚は私を特定の限界内に閉じ込める。思考はこのような限界にとらわれることがない。この意味で、私は二重存在であると言える。私は自分の人格の領域内に閉じ込められている。けれども私は限定された私の生活を高次の領界から規定する働きの担い手でもある。われわれの思考は感覚や感情のように個別的ではない。思考は普遍的である。思考の中に個別的な特徴があるとすれば、それは思考が個別的な感情や感覚に結びつけられているからに他ならない。普遍的な思考の中に含まれている個別的な色合いによって、人間の思考は互いに区別される。三角形を例にとれば、それはただ一つの概念を表している。この概念の内容にとって、Aなる人間がその概念を用いるか、Bなる人間がそれを用いるかはまったくどちらでもよい。それにも拘らず、この同じ概念が異なる意識の担い手によって、異なる仕方で、それぞれ個別的に取り上げられる。

このような考え方に対して、人間は克服し難い偏見を持っている。その偏見にとらわれてしまうと、私の頭脳が把握する三角形の概念と、隣人の頭脳が把握する三角形の概念とが同じものだとは思えなくなってしまう。素朴な人は自分が自分の概念の形成者であると思っている。したがって各人がそれぞれ固有の概念を持っていると信じている。この偏見を克服することは哲学的思考のひとつの基本要求である。三角形という統一概念は、多くの人がそれを考えるからといって多様な概念になることはない。なぜなら、多くの人の考えることはそれ自身ひとつの統一した考え方を示しているのだから。

思考はわれわれの特殊な個性を宇宙全体と関連づける。感覚と感情と（さらに知覚と）は、われわれを個別的な存在にする。思考するとき、われわれはすべてに通用する全一の存在となる。われわれの本性が二重であることの深い根拠は、まさにこの点にある。われわれは自分の中にそれ自身絶対的な力が生まれ出ようとしているのを見る。その力は普遍的である。しかしわれわれがその力と出会うのは、宇宙の中心からそれが流出するときではなく、周辺の一点においてである。宇宙の中心から流出するときのその力を知ることができたとすれば、われわれは、意識を持った瞬間に、全宇宙の謎を解くことができたであろう。けれどもわれわれは周辺の一点に立っている。そして自分の存在が一定の限界内にとらわれていることを知っている。だからこそわれわれは自分の外に在る領域を、宇宙の普遍存在からわれわれの中に突出してくる思考の助けを借りて、認識していかなければならない。

われわれの内なる思考は、われわれの特殊存在を覆い、われわれを宇宙の普遍存在に結びつける。その結果われわれの中には認識衝動が生み出される。思考を持たぬ存在はこのような衝動を持たない。そのような存在に別の事物が相対するときにも、そこにどんな問いも生じない。別の事物は外的なものであり続ける。思考する存在の場合、外なる事物に概念が結びつく。事物を外からではなく、内から受けとめることができるのは、この概念のおかげである。内なる要素と外なる要素との調整と結合は認識によって果たされる。

このように、知覚内容は完結したものではなく、総体としての現実の一側面なのである。他の側面が概念である。認識行為とは知覚内容と概念との総合に他ならない。或る事物の知覚内容と概念とがその事物の全体を明らかにする。

以上の論述は、世界の個別的な諸存在の中に、思考が与えてくれる理念内容以外のどんな共通性を求めてもまったく無駄だということを証明している。それ自身関連づけられている理念内容以外に、何かそれとは別な宇宙統一を見出そうとする試みは、すべて無駄な努力に終わらざるを得ない。そして知覚内容を思考によって考察するときにのみ、われわれはそのような理念内容を獲得することができる。普遍的な統一宇宙をわれわれに確信させてくれるのは、人間的＝人格的な神でもなければ、力や素材でもなく、また（ショーペンハウアーの）盲目的な意志でもない。これらはすべて、われわれの限定された観察領域内に存在しているものにすぎない。人間的に制約された人格をわれわれは自分に即して知覚し、力や素材をわれわれは外なる事物に即して知覚する。意志に関して言えば、意志とはわれわれの制約された人格の活動表現でしかない。ショーペンハウアーは、「抽象的な」思考を宇宙統一の担い手にすることを避けようとし、思考の代わりに、現実的なものとして直接与えられているような何かを求める。この哲学者は、世界を外界と見做す限り、決して世界に近づくことはできないと信じている。「実際、私という研究者自身がもっぱら認識するだけの主観（身体を持たない翼を生やしただけの天使の頭）だとしたら、私に向かい合う表象世界をどんなに熱心に研究しようとも、その世界の意味は決して見出せないであろうし、認識する主観の単なるこの表象から表象以上の何かへの移行は決して果たされないであろう。けれども研究者自身はあの世界の中に根を下ろし、その中で個体として生きている。言い換えれば、全世界を表象として担っているところの人間の認識能力は、いずれにしても身体によって媒介されているのだが、すでに述べたように、その身体の異常興奮が悟性にとってあの世界への直観の出発点となっているのである。身体は、単なる認識する主観にとっては、すべての認識対象と同様にひとつの表象であるにすぎない。それは諸対象の中の一つにすぎず、身体の運動や行動も一切の可視的な対象の動きと変わるところはない。したがって研究者にとっては同じように異質であり、理解し難い。より深く意味づけようとするならば、まったく別な仕方で謎を解かねばならない。……認識する主観であるわれわれは、身体との同一性を通して、個体として現れるが、その際身体はまったく異なる二つの仕方で存在している。一方では、知的な見方の中で表象として、諸対象の中のひとつとして存在し、対象に共通の法則に従っている。けれども他方、それと同時にまったく異なる仕方で、意志として誰にでもよく知られた在り方をしている。人間意志の働きは、どんな場合にも、必然的にそのまま身体運動でもある。意志は自分が身体運動として現れることを知覚しないならば、決して行動しようと欲することもできない。意志行為と身体活動とは、客観的に見て、異なる二つの状態なのではない。それは原因と結果の必然的な関係の中に巻き込まれてもいない。この二つは同じものであり、ただまったく異なる仕方で存在しているにすぎない。ある時はまったく直接的に、別な時には悟性にとっての直観の中で」。ショーペンハウアーは以上の論述の中で、意志の「客観性」を人体の中に見出すことを正しいと信じている。彼は身体活動の中で直接ひとつの現実を、「物自体」を、個々に感じることができると思っている。ショーペンハウアーのこの論述に対しては、次のような反論が出されねばならない。すなわち、われわれの身体活動は自己知覚を通してのみ意識されるのであり、それ自体では決して他の知覚内容以上に出ることはできない。身体活動の本質的な認識は、思考による考察を通して、つまり本質を概念や理念の体系の中に組み込むことによってのみ可能となる。

次のような考え方も素朴な人間意識の中に深く植えつけられている。思考とは具体的な内容を持たぬ抽象作用であり、たかだか世界統一を映し出す「理念」像ではあっても、決してこの統一そのものにはならない、という考え方である。このような考え方をする人は、概念なしの知覚内容が何を意味しているのか理解していない。知覚世界だけを眺めてみよう。それは空間の中で並存し、時間の中で相前後して存在する、無関連な個別の寄せ集まりでしかない。知覚の舞台に現れたり消えたりするものは、どれ一つとして別な知覚内容と直接関わりを持ってはいない。その世界は等価の諸対象の多様な集まりでしかない。世界のいとなみの中で、どれも他より大きな役割を演じない。或る事実が他の事実以上に大きな意味を持っているとしたら、それは思考を働かせた結果に相違ない。思考の機能を働かせなければ、今はまったく意味を持っていない器官の痕跡も、眼のような最も必要な感覚器官も、価値の上で何ら変わりはない。個々の事実は、思考が存在と存在との間に関連の糸を通すときにそれ自身にとっての、そして世界にとっての意味を、はじめてはっきりと示す。このように思考活動は抽象的ではなく、内容を持っている。なぜかたつむりがライオンよりも低次の有機的発展段階に立っているのかは、特定の具体的な内容を通してのみ知ることができる。単なる観察や知覚では生体の完全性を明示するような内容を与えてくれない。

思考はこのような内容を知覚のために、概念や理念の世界から取り出してくる。外からわれわれに与えられる知覚内容とは反対に、思考内容は内部から現れる。その内からの内容が最初に現れる際の形式を、われわれは直観と呼びたい。直観の思考に対する関係は、観察の知覚に対する関係に等しい。直観と観察はわれわれの認識の二大源泉である。内部にふさわしい直観を持たぬ限り、われわれはもっぱら異質な存在として、観察する世界に向かい立つことになる。直観は知覚だけでは不十分な現実部分をわれわれのために補ってくれる。事物に対応する直観を見出す能力のない人には完全な現実は閉ざされ続ける。色盲の人は色の特質をもたずに、明るさの相違だけしか見て取れない。そのように、直観のない人は無関連な知覚断片だけしか観察できない。

　或る事物を説明するということ、理解できるようにするということは、上に述べた人間の認識機能が分離させてしまった関連の中にその事物を再び組み入れるということである。世界全体から切り離された事物など存在しない。すべての区別はわれわれの主観的な在り方の中でのみ存在する。上と下、前と後、原因と結果、対象と表象、素材と力、客観と主観等々において、世界全体がわれわれの中ではばらばらな状態で存在している。観察するわれわれに対して個別的に現れるものが、直観によって関連づけられた統一世界の中でひとつに結び合わされる。知覚によって分けられたものを、われわれは思考によって再びひとつに関連づけるのである。

　対象が謎めいて見えるのはそれが個別的な在り方をしているからである。しかしその在り方はわれわれによって惹き起こされたのであり、概念世界の中でそれを再び止揚することができる。

思考と知覚による以外、われわれには直接何も与えられていない。そこで次のような問いが生じる。以上の論述が正しいならば、思考は知覚内容の意味とどう関わっているのか。批判的観念論は知覚内容の主観的性格を証明しようとして失敗した。けれども、証明の不当性を洞察することだけでは、まだ問題そのものが誤謬の上に立っているということにはならない。批判的観念論の証明方法は、思考の絶対的性質から始めるのではなく、素朴実在論を首尾一貫して考えると、それは自分自身を放棄してしまう、ということに基づいている。思考の絶対性が認識されていたら、この問題はどうなるであろうか。

次のように考えてみよう。特定の知覚内容、例えば赤い色が私の意識の中に現れたとする。その知覚内容が思考を通して、別の知覚内容、例えば特定の人物、特定の温度、特定の触覚内容と関連づけられる。このような関連を私は感覚界の対象と名づける。そこで私は次のように問うことができる。「いろいろな知覚内容が現れてくる空間内に、このような対象以外にもなお何かが存在しているのか」。私はその空間の中に、機械的、化学的その他のさまざまな経過を見出す。さらにまた、対象から私の感覚器官へ到る途上で見出せる諸経過や弾力ある物体の生み出す運動経過をも見つけ出すことができる。それらは本質上、もとの知覚内容とは共通点をまったく持っていない。さらに感覚器官から脳へ到る過程にも同じことが言える。このような諸経過のどこにおいても、私はさまざまの新しい知覚内容を見出す。さて、空間的、時間的にさまざまな仕方で存在しているこれらの知覚内容のすべてを貫き通っている結びの手段があるとすれば、それは思考をおいて他にはない。音響を伝える空気の振動は、音響そのものと同じように、外なる知覚内容として私に与えられている。思考だけがこれらの知覚内容を組み合わせ、それらの相互関係を明らかにする。直接知覚されたものの他に、知覚内容の理念的な（つまり思考によって解明されるべき）諸関連を通して認識されるものが何か別に存在すると言うことはできない。単なる知覚内容を超えた、知覚対象と知覚主観との関係は理念的なものでしかない。つまり概念によってのみ表現できる関係である。知覚対象がどのようにして知覚主観に働きかけるかを知覚できたとしたならば、あるいは逆に、知覚主観が知覚像の成立過程を観察できたとしたならば、そのときにのみ近代生理学やその上に立てられた批判的観念論のような立場で語ることもできるであろう。この立場は、客観と主観の理念的関連を知覚され得る経過と混同している。したがって「知覚する眼なしには、どんな色も存在しない」という命題は、眼が色を生み出すという意味ではあり得ない。色という知覚内容と眼という知覚内容との間には思考によって認識され得る理念的関連が存在する、という意味を持つにすぎない。経験科学は、眼の特性と色の特性とがどのように互いに関係し合えるのかを明らかに示すことができなければならない。どのような仕組みが視覚器官による色彩の知覚を可能にするのかについても同じことが言える。どのようにして一つの知覚内容が別の知覚内容と結びつくのか、どのようにして一つの知覚内容が別の知覚内容と空間的に関係し合うのかを私は概念的に表現することができる。けれどもひとつの知覚内容がどのようにして知覚され得ぬものから生じてくるのかを私は知覚できない。知覚内容と知覚内容との間に、思考関連以外の何かを求めようとする努力は、すべて失敗せざるを得ない。

それでは知覚内容とは何なのか。その問いを一般的な仕方で立てることは無意味である。知覚内容は、常に特定の具体的な内容として現れてくる。その内容は直接的に与えられており、所与（与えられたもの）として存在するだけである。所与に関してはただ、知覚内容を除いた思考の中には何が残っているのかと問うことができる。つまり知覚内容の「何」を問うことは、それに対応する概念的直観の「何」を問題にすることでもある。この観点に立てば、批判的概念論の意味での知覚内容の主観性を問題にする必要はない。主観的と呼ぶことのできるのは、主観に属すると知覚されたものだけである。主観的なものと客観的なものとの結びつきは、素朴な意味での現実的な経過、つまり知覚され得る事象によるのではない。それはもっぱら思考によってなされる。したがって知覚主観の外で知覚されるものはすべて、われわれにとっては客観的である。たった今私の前に置かれていた机が私の観察の圏外に消えてしまったときも、私の知覚主観は私にとって知覚し得るものであり続ける。机の観察は私の中にも持続するものを呼び起こした。私は後になって机の像をふたたび自分の中に産み出す能力を保ち続ける。像を産み出すこの能力が私と机との結びつきを保ち続けてくれる。心理学はこの像を記憶表象と名づけている。けれどもそれは机の表象と名づけられるのが正しい。なぜなら机が私の視界の中に存在したことによって、私自身の状態に表象形成という知覚可能な変化を生じさせたのだからである。この変化は知覚主観の背後にある「自我それ自体」の変化ではなく、知覚可能な主観の変化を意味する。したがって表象とは、外的知覚の地平上に存在する客観的な知覚内容とは反対の、主観的な知覚内容に他ならない。この主観的な知覚内容と客観的な知覚内容との混同が観念論の「世界は私の表象である」というあの誤解へ導いたのである。

そこでまず、表象という概念をもう少し詳しく規定することにしよう。これまで表象について述べてきたことは、表象の概念なのではなく、表象が知覚領域のどこに見出せるかという、表象への道を示すだけだった。表象の厳密な概念規定は、表象と対象との関係を十分に解明できたとき、可能となるであろう。そしてそれはわれわれをひとつの境界を越えて彼方へ導く。そして人間の主観と世界に属する客観との関係が、もっぱら概念的な認識の分野から、具体的、個別的な生活の中に持ち込まれる。われわれは世界から何が受け取れるのかを知るときにはじめて、それを大切に扱うこともできるようになる。自分を捧げるに足る対象を知るときにこそ、われわれは全力を尽くして働くことができるのである。

## ●一九一八年の新版のための補遺

ここで扱われた観点は、人間と世界との関係について考察し始めるとき、当然まずそこへ促されるような観点である。その観点に立つ人は自分が思考の形成過程の中に巻き込まれるのを感じる。思考は形成される一方で、自らを解消していく。そのような思考の在り方に対しては、単なる理論的な反論によって決着をつけることはできない。人はまずその中で生きてみなければならない。そうすれば自分が陥った誤謬を洞察したり、そこから抜け出す道を見出したりできるであろう。そういうことは人間と世界との関係を解明しようとする努力の中ではいつでも出会うことに違いない。その解明への努力のためには、この関係についての間違った観点と思えるものに反駁を加えることではなく、この関係を考察し始めると、どんな混乱に人を導くかを認識することが大切である。この考察を始めるに際しては、自分を否定するような洞察をも獲得しなければならない。以上の論述はこのような態度をもって述べられたのである。

人間と世界との関係を理解しようとする人は、少なくともこの関係の一部分が世界事象と世界経過との表象を作ることによって生み出されるということを知っている。したがってその人の眼は外なる世界から離れて、自分の内なる世界、自分の表象生活へ向けられる。その人は「もし私の中に表象が現れてこなければ、私はどんな事物やどんな経過とも関係を持つことができない」と思う。そのような思いから次のような考え方へ到るにはさらに一歩だけ先へ進めばよい。——「とはいえ私は表象だけを体験する。外なる世界については、それが私の中の表象である限りにおいてのみ知っている」。この考え方と共に素朴実在論の立場が捨てられる。人は世界との関係を今はじめて思索し始める。素朴実在論の立場は自分が真の事物と関わっていると信じて自己反省をしない。自己反省は素朴な意識が眼前にあると信じているような現実にではなく、もっぱら表象に眼を向けさせる。表象は自分の本性と素朴な立場から見た現実世界との間に介入する。人はこの介入してきた表象世界のおかげで現実世界を信じることがもはやできなくなる。現実世界に対して自分は盲目なのだ、と考えざるを得ない。このようにして認識の達し得ぬ「物自体」という考え方が生じる。——表象生活と世界との関係を考察することに終始する限り、このような考え方から脱け出すことはできない。認識への衝動を敢えて抑えようとするのでなければ、素朴実在論の立場に立ち止まることはできない。人間と世界との関係を認識しようとする衝動があるということは、この素朴な立場が捨てられなければならないということを示している。もし素朴な立場に真理として認められるような何かがあるとすれば、そのような衝動を感じる筈がない。——しかし素朴な立場を捨てた後で、それとは気づかずにまた別の考え方にとらわれてしまうなら、真実に到ることはできない。「私は表象だけを体験する。現実と関わっていると思えても、それが現実についての表象にすぎないことを私は知っている。それ故、私の意識の圏外に本当の現実である『物自体』が存するのであるが、それを私は直接知ることができない。ただそれが私のところに働きかけてくると、私の中に表象世界が現れてくるとしか言えない」。このような言い方をする人は、上述の誤謬に陥っている。その人は思考内容の中で素朴に実在している世界に別な世界を付け加えているにすぎない。その人はこの「実在世界」についての思考作業をはじめからもう一度やり直さなければならないのである。なぜなら知られていない「物自体」というのは、素朴実在論の知られている世界とまったく同じような仕方で人間によって考え出されたものだからである。――この点に関して批判的な反省が陥る困惑から脱け出すためには、自分の内部や外なる世界で知覚し、体験するものの中に、何かが存在していることを認めさえすればよい。その何かさえあれば、事物とそれを考察する人間との間に表象が介入してくるという宿命から脱することもできる。そしてその何かとは思考に他ならない。人間は思考に対しては、素朴実在論の立場に留まり続けることができる。もしそうできないとしたら、それは何かの理由でこの立場を離れなければならない、と思い込んでいるからである。しかしそういう人は、そのことが思考に対してだけは適用できないということに気がつかないのである。このことに気づいたときには先に述べた見方への通路が開かれる。そして思考の中で、思考を通して、新たな認識が獲得される。そして世界と自分との間に表象生活が介入してくるときに、なぜ人間が自分を盲目であると思わざるを得なかったかも明らかになる。――筆者が非常に尊敬している人物（エドゥアルト・フォン・ハルトマンのこと――訳者）から、本書に対する批判がなされた。そして著者の思考についての論述が思考の素朴実在論に留まっており、現実世界と表象世界とを同じものと見做している、と言われた。しかし著者は、本書の論述を通して「素朴実在論」がまさに思考に対しては妥当性を持っていること、その妥当性は思考のとらわれぬ現実の中から必然的に明らかにされること、そして他の場合には妥当し得ない素朴実在論が思考の真の本性を認識するときには必要とされることを証明できたと信じている。

# 第六章　人間の個体性

哲学者たちによれば、表象を解釈する際の難しさは、われわれ自身が外なる事物に属していないにも拘らず、表象がそのような事物に対応した姿を示しているという事情から来ている。けれどもよく調べてみれば、そのような困難は存在していない。勿論われわれは外なる事物ではないが、外なる事物と共に同じひとつの世界に属している。主観としての私が知覚するのは世界の一断面であり、それは宇宙全体の出来事に貫かれている。知覚対象としての私は、周囲から皮膚で閉ざされているけれども、この皮膚の中に潜んでいるものは全体としての宇宙の一部分である。それ故私の生体と外なる対象とを関連づけるために、外なる対象から何かが私の中に入り込んでくる必要もなければ、ちょうど封蠟に印章を刻印づけるように、外なる対象が私の精神に印象を刻印づける必要もない。一体どのようにして私が十歩先の樹木についての知識を得るのか、という問いはまったく見当外れな問いである。この問いは私の肉体の境界が絶対的な間じきりになっており、その境い目を通して事物から私の中へ情報が伝わってくるという考えに基づいている。私の皮膚の内部に働く力は、外界に働く力と同じものである。したがって私もひとつの事物なのである。勿論それは知覚主体としての私ではなく、宇宙事象の一部分としての私なのであるが。樹木の知覚内容と私の自我とは同じ全体の中に存在している。宇宙のこの普遍的事象が一方では樹木という知覚内容を呼び起こし、他方では私の自我という知覚内容を呼び起こす。私が宇宙を認識するのではなく、宇宙を創造するのであったとすれば、客観と主観(知覚内容と自我)はひとつの行為の中で生じるであろう。なぜならそれらは互いに相手を条件づけているのだから。宇宙を認識する私は、関連し合ったこの二つの本質存在の共通点を思考によるのでなければ見出すことができない。思考だけが概念を通して、この両者を互いに関係づけている。

われわれの知覚内容の主観性について論じたもののうちでは、いわゆる生理学的な証明が最も反駁し難いもののように思われる。皮膚に圧迫が加えられるとき、それを私は圧迫感として知覚する。同じ圧迫を私の眼は光として、また私の耳は音として知覚することができる。同じ電気の衝撃を眼は光として、耳は響きとして、皮膚神経は圧迫として、嗅覚器官は燐の臭いとして知覚する。このような事実から生じる結論は次の通りであろう。私は電気の衝撃(もしくは圧迫)を感じ取り、そしてそこから光や音や臭いなどを知覚する。眼が存在しなければ、周囲の機械的な振動は光としては知覚されないし、聴覚器官がなければ、音としても知覚されない。しかしどんな権利をもって、知覚器官がなければ出来事そのものも存在しないと言うことができるのか。電気の働きが眼の中に光を生じさせるという事実から推して、光として感じられるものがわれわれの身体組織の外では単なる機械的な運動にすぎないのではないかと考えることができそうだが、そう考える人は運動という言い方をすることで一つの知覚内容から別の知覚内容へ移っただけであって、知覚内容の外に移ったわけではないということを忘れている。眼は周囲の機械的な運動経過を光として知覚する、と言えるのなら、対象の合法則的な変化をわれわれは運動の経過として知覚する、とも言える。回転する円盤の中に十二の馬の絵を描き、その一つ一つを辿ると、その馬が走っているような姿にするならば、その円盤を回転させることで、あたかもその馬が運動しているかのような錯覚を呼び起こすことができる。ただその場合に、私は小さな穴からそれを覗き、しかも一定の間隔をおいて絵の姿を次々に見ていかなければならない。そのとき私は馬の絵を別々に十二回見るのではなく、彼方へ向かって走る馬の一つの情景を見ているのである。

だから先に述べた生理学上の事実は、知覚と表象との関係については何も明らかにしてくれないのである。われわれは別な仕方で正しい道を見出さなければならない。

ひとつの知覚内容が私の観察地平の上に立ち現れる瞬間に、思考もまた私の中で働き始める。私の思考組織に組み込まれている直観や概念がこの知覚内容と結びつく。この知覚内容が私の視界から消えてしまうと、後に何が残るのか。それは知覚行為が形成したこの知覚内容に関する私の直観である。後になってこの知覚内容との関係をどれほど生きいきと眼前に思い浮かべることができるかは、私の精神的、身体的な組織の機能如何にかかっている。表象とは特定の知覚内容に関わる直観に他ならない。それはかつての知覚内容と結びつき、そして常にこの知覚内容との関わりを保ち続けている一種の概念でもある。ライオンについての私の概念は、必ずしもライオンについての私の知覚内容から作り出されなくてもよい。けれどもライオンについての私の表象は、知覚に即して作り上げられる。しかし誰かに生きいきとしたライオンの表象を与えようとしても、その人が自分でライオンを見たライオンを見たことのない人にも、私はライオンの概念を伝えることができる。

つまり、表象とは個体化された概念なのである。だからこそ現実の事物を表象が表現できるのである。或る事物のまったき現実性は、概念と知覚内容との結びつきによって観察する瞬間に生じる。概念は知覚内容から個的な形姿を、特定の知覚内容との関係を受け取る。知覚内容の特徴を担った概念が私たちの中に生き続けて、その事物の表象を作り出す。この同じ概念が別の第二の事物と結びつくとき、われわれはその第二の事物を第一の事物と同じ種類に属するものとして認識する。われわれは同じ事物と二度目に出会う場合、自分の概念組織の中にそれに対応する概念を個体化された概念として見出す。この概念は対象に独特の関わり方をしているので、それによってわれわれは対象を再び認識するのである。

このように表象は知覚内容と概念の間に立っている。それは知覚内容を指示する特殊な概念なのである。

そこから表象が作り出されるものの総体を経験と呼ぶことができる。多数の個体化された概念を持っている人は、豊かな経験の所有者であろう。直観の能力を持たない人は、経験を手に入れることが下手である。その人は対象を自分の視界から失ってしまう。なぜならその人には対象と関わり合うべき概念が欠けているからである。よく発達した思考能力を持ちながら、感覚能力が粗雑なので十分な知覚活動を行えない人も、同じように豊かな経験を集めることができにくい。そのような人は何らかの仕方で概念を手に入れることはできるであろうが、その人の直観には特定の事物に対する生きいきとした関わりが欠けているのである。うわの空で旅行する人も、抽象的な概念組織の中に埋没している学者も、豊かな経験を獲得することができない。

現実はわれわれの前に知覚内容と概念となって現れる。そしてこの現実の主観的な再現が表象なのである。

われわれの人格がもっぱら認識的な態度に終始するとすれば、対象の総計は知覚内容と概念と表象とに尽きるであろう。

けれどもわれわれは思考の助けを借りて知覚内容を概念と関係づけることだけでは満足せず、知覚内容をわれわれの特別な主観性である個的な自我にも結びつけるが、その個的特徴の表現が感情なのである。感情は快もしくは不快となって現れる。

思考と感情は、われわれの本性の二重性に対応している。この二重性についてはすでに考察した。思考とはそれによってわれわれが宇宙の普遍的事象を共にするところの要素であり、感情とはそれによってわれわれが狭い自己存在の中に立ち返ることのできる要素である。

思考はわれわれを世界に結びつける。感情はわれわれを自分自身の中に連れ戻し、はじめてわれわれを個体にする。もっぱら思考し、知覚するだけの存在であったとすれば、われわれの全生涯は何の特徴もないものとして、どこかへ消え去ってしまうであろう。自我が単なる認識の機能しか果たすことができないとしたら、われわれはどうでもよい存在になってしまう。自己認識と共に自己感情を、事物の知覚と共に快、不快を感じることによってこそ、われわれは個的存在として生きている。個的存在の意味は自分と周囲の世界との概念関係によって汲みつくすことはできない。存在自身が独自の価値を担っているからである。

人は思考による世界考察よりも、感情生活の方が現実的な性格をより豊かに担っている、と思うかも知れない。それに対しては、感情生活はまさに私の個体にとってのみ、そのような豊かな意味を持っている、と答えることができる。私の感情生活が、世界全体にとっても価値を持ち得るのは、感情、つまり自分の自我を知覚するときの知覚内容が概念と結びつき、その廻り道を辿って宇宙に組み込まれるときだけである。

われわれの人生は、普遍的な宇宙事象と自分の個的存在との間を絶えず行ったり来たりしている。思考の普遍的性質の方へ昇っていけばいくほど、そしてその結果個的な在り方がもっぱら概念の例証となり範例となってしまえばしまうほど、われわれは個人としての独自の在り方を失ってしまう。個的生活の深みへ降りていけばいくほど、そして感情を外界の経験に共鳴させればさせるほど、われわれは普遍的存在から切り離される。自分の感情を遠く理念の世界にまで高めていくことができる人こそ、真の個性をもった存在であると言えるであろう。頭の中に収められた最も普遍的な諸理念でさえもはっきりとその人との特別の関係を示しているような人もいるし、個人的性質の痕跡をまったく持たない概念だけを示している人もいる。後者は概念はまるで血や肉をもった人間のものとは思えないくらいである。

表象活動は、概念の営みに個的な特徴を与える。どんな人も世界を観察する独自の立場を持っている。どんな人の知覚内容にもその人の概念が結びついている。それぞれ特別な仕方で普遍的な概念を思考するのであろう。この特別な在り方は世界における各人の立場から生じたものであり、それぞれの生活環境と結びついた知覚領域の所産なのである。

この特定の在り方に身体組織に依存した別の在り方が相対している。われわれの身体組織は完全に個的な在り方をしている。われわれはひとつひとつの感情を、さまざまな強さの度合いをもって知覚内容に結びつける。そしてこのことがわれわれの独自な人格の特徴となっている。生活環境上のすべての特殊性を考慮に入れたとしても、このことがなお残余の部分として残される。

思考内容をまったく欠いている感情のいとなみがあるとすれば、そのいとなみは、次第に世界との関連を失っていかざるをえないであろう。全体との関係を失わないでいる人の事物認識は、感情の育成、発達と手を取り合って進んでいくであろう。

感情は、概念が具体的な生命を獲得するための最初の手段である。

## 第七章　認識に限界はあるのか

以上から明らかなように、現実解明のための要素は知覚と思考という二つの領界から取り出すことができる。すでに見てきたように、総体としての現実は、われわれ自身の主観をも含めて、まず二元性として現れる。われわれの存在そのものがそのような仕方で条件づけられている。認識がこの二元性を克服するためには、知覚内容と思考作業によって獲得された概念という両現実要素に従って事物全体に関連を与えなければならない。この認識行為によって現実がその正しい姿をとって現れてくる以前に、われわれの前にあらかじめ現れていた世界は現象世界と呼ばれるが、それは知覚内容と概念を統一体にまとめた本質世界の対極に位置している。したがって次のように言うことができる。世界は二元性として（二元論的に）われわれの前に現れている。しかし認識行為がそれを統一性（一元論的）に作り上げる、と。この基本原理から出発する哲学は一元論哲学又は一元論と呼ばれる。この立場の対極に二つの世界の理論又は二元論が向かい立っている。二元論は人間の在り方が二つの隔てた統一的現実の両側面をそのまま認めるだけではなくそれらを互いに絶対的に異なる二つの世界と考える。そして一方の世界のための説明原理をもう一方の世界の中に求める。

二元論はわれわれが認識と名づけるものを誤って理解している。全存在を二つの領域に分け、その各々がそれぞれ固有の法則を持つと考え、そしてその二つの領域を外から互いに対立させている。

カントが学問に導入して以来、今日に到るまでそこから抜け出せずにいる知覚対象と物自体との分裂は、このような二元論に由来している。これまで述べてきたように、或る事物が知覚内容としてだけでも存在できるというのは、われわれの精神構造の性質に基づいている。しかしどんな知覚内容に対しても宇宙全体の中でのふさわしい定められた位置を示すことによって、思考はこの一面性を再び克服する。宇宙全体における特殊部分を他から区別し、それを知覚内容と規定する限り、われわれはその区別することにおいて、自分の主観性の法則に従っている。さらにこの知覚内容の総体をひとつの部分として考察し、これに「物自体」という別の部分を対置するとき、われわれの哲学はますます虚空にさまよいこんでいく。哲学が単なる概念の遊びに堕してしまう。このような人工的な対立を作り出しても、対立するもう一方の部分にはいかなる内容も与えることができない。なぜなら事物の特定の内容は常に知覚内容の中から取り出すことができるだけなのだから。

知覚内容と概念の両領域外にあると見做される存在の在り方は、いずれにせよ根拠のない仮説の領域へ送り込むしかない。「物自体」はそのような範疇に属する。二元論者が自分で仮説として立てた宇宙原理と経験内容との間の関連を見出せないのは、まったく当然のことである。仮説としての宇宙原理に内容を与えることができたとすれば、それは内容を経験界から取り出したにも拘らず、その事実から目を覆っているからにすぎない。そうでない場合には、内容のない空虚な概念しか与えることができない。したがってその概念は、概念の形式だけを保つ非概念でしかない。二元論は通常、このような概念の内容は認識できないと主張し、われわれが知ることのできるのは内容が存在するということだけであり、どんな内容が存在するかは知り得ないと言う。いずれの場合にも、二元論を克服することは不可能である。経験界から若干の抽象的な要素を取り出してきて、それを物自体の概念の中に持ち込むとしても、それは具体的な経験生活の豊かな内容を若干の特徴に還元しているだけであり、しかもそのような特徴を知覚内容からしか取り出せないでいるのである。デュ・ボア＝レイモンは、知覚されざる物質原子の位置や運動が感覚や感情を生み出すと考えた結果、次のような結論に達している。——どのようにして物質と運動が感覚と感情を生み出すかについて、われわれは決して満足のいく説明をすることができない。なぜなら、「一定量の炭素、水素、窒素、酸素などの原子にとって、自分たちがどのような位置にあり、どのような運動をするのか、どのような位置にあったのか、どのような運等のような運動をするであろうか、どのような位置につき、これからどのような運動をしたのか、ということが大事な問題になるとはとても考えられず、そのような諸原子の相互作用によって、どのような意識が生み出されるかを見通すことなど決してできない」からである。この考え方は、彼の思考方向をよく示している。豊かな知覚世界の中から位置と運動だけを取り出し、そしてそれを原子という人工世界の中に持ち込む。そしてさらに、知覚世界から取り出されたこの自家製の原理が具体的な生命を導き出せないでいることについて自分で不思議がっている。

完全に内容空虚な「それ自体」という概念を行使する二元論者が宇宙を説明できずにいる理由は、上に述べたような原理の立て方からだけでも明らかであろう。

いずれにせよ二元論者は、人間の認識能力に越えがたい壁を設けなければならない、と思い込んでいる。一元論的世界観の信奉者は現象世界の解明に必要なすべてが、この現象世界の領域内にあることを理解している。ただそれを手に入れることができずにいるのは、今の自分の在り方がたまたま時間的空間的にまだ制約されているからなのである。しかしそれは人間一般の在り方ではなく、自分の特殊な個的な在り方の問題である。

認識の限界について語ることはできない。そのことはわれわれが規定してきた認識の概念からおのずと明らかである。認識行為は一般的な世界事象ではなく、人間自身の内的要求に関わる作業である。事物は説明を要求しない。事物は存在し、そして思考によって見出されるような法則に従って互いに作用し合っている。事物はそのような法則によってひとつに結びついている。そのようなところにわれわれの自我意識が現れる。そしてわれわれが知覚内容と名づけたものだけをまず受け取る。しかし自我意識の内部の力は現実のもう一方の部分をも見つけ出す。世界の中で分離し難く結びついている二つの現実要素を、自我意識が自分のためにひとつに結びつけるとき、そのときはじめて認識衝動は満足する。自我は再び現実に辿りついたのである。

認識を成り立たせる前提条件は、自我を通して、自我のために存在する。自我は自分自身に認識の問いを立てる。自我は自分の内部の完全に明晰で透明な思考要素の中から、このような問いを取り出してくる。解答できない問いが出された場合、問いの内容はすべての部分において明晰であり判明であるとはいえない。世界がわれわれに問いを立てるのではなく、われわれ自身が問いを立てるのだからである。

どこか外に記されている問いに答えようとする場合、その問いの内容がどこから取り出されてきたのかを知ることがなければ、その問いにはまったく答えられないと考えられる。

われわれの認識にとって必要な問いは、場所、時間並びにわれわれの主観的な在り方に条件づけられた知覚領域と、宇宙の全体性に関わる概念領域との相互関係についての問いである。私の課題はこの二つのよく知られた領域を互いに融和させることである。そのような場合、認識の限界について語る必要はない。或る時代に或る事柄が説明できなかったとすれば、それは問題になる事物を知覚するのに必要な生活の舞台がまだできていなかったからである。しかし今日認識できなかったことも、明日には認識できるようになるかもしれない。認識者の周囲に設けられた壁は一時的なものにすぎず、知覚と思考が進むにつれていつかは克服されるものなのである。

二元論が犯した誤謬は、主観と客観の対立を設けて、この対立が本来知覚の領域内においてのみ意味を持つにも拘らず、この領域外の頭で案出した本質存在にそれを当てはめようとしたところにある。事物が知覚領域内で孤立して存在するとすれば、それは知覚者が思考をあきらめたからである。思考だけがそのような事物の孤立化を止揚して、その孤立が単なる主観に条件づけられたものであることを認識させる。二元論者はさまざまな規定を知覚内容の背後にひそむ本質存在にまで当てはめようとするのであるが、そのような規定は知覚内容にとってさえも何ら絶対的な意味を持つものではなく、もっぱら相対的な意味しか持たない。二元論者は知覚内容と概念という認識過程の二大要因を四つに分けてしまう。一、客体そのもの、二、主観が客体から取り出す知覚内容、三、主観、四、知覚内容を客体そのものに関係づける概念。この場合、主観と客体の関係は現実の関係である。主観は実際に力動的に客体の影響を受ける。この現実経過はわれわれによって意識されない。とはいえその経過は主観の中で、客体の作用に対する反作用を呼び起こす。この反作用の結果が知覚内容であると言えよう。この知覚内容が最初に意識される。客対は客観的な（主観から独立した）現実を担い、知覚内容は主観的な現実を担う。この主観的現実が主観を客体に関係づける仕方は理念的である。さて、このようにして二元論は認識の経過を二つの部分に分裂させている。一方の部分である「物自体」から知覚対象を生み出すときの経過を二元論は意識の外におき、もう一方の部分である知覚対象と概念との結びつきや概念と客体との関係を意識の内部に生じさせる。このような前提の下では、どんな概念を用いても、意識以前に存在しているものを主観的にしか表現できない、と二元論者が信じるのは当然である。主観の中の客観的、現実的な営み、つまり知覚内容を生じさせる営みや、さらには「物自体」の客観的な諸関係は、このような二元論者にとって直接認識することが不可能なものであり続ける。二元論者の意見によれば、人間は客観的、現実的なものを概念によってしか表現できない。諸事物を相互に結びつけ、その諸事物を「物自体」であるわれわれの個別精神と客観的に結びつける統一の帯は、意識の彼方の実体そのものの中にあり、われわれの意識はその実体を同じように概念によってしか表現できないのである。

二元論は、対象を概念的に関連づけることに留まらず、さらにそれを現実的に関連づけることまでもやろうとする。そうしないならば、全世界を抽象的な概念の図式にしてしまい、その結果世界を蒸発させてしまう、と思っている。換言すれば、二元論者は思考が見出す理念原理を実体のない、空気のようなものだと思っている。そして自分の立場を支えてくれるような現実原理を求め続ける。

そこでわれわれはそのような現実原理に立ち入った検討を加えてみようと思う。素朴な人(素朴実在論者)は外的な経験対象を現実であると考える。そのような対象なら手で摑むことも、眼で見ることもできるという事情が、このような人にとっては現実であることの証拠なのである。「知覚できないものは存在しない」。この命題こそが素朴な人の第一原理である。けれどもこの原理はそれをひっくり返して表現することも許される。つまり、「知覚できるものはすべて存在する」。この主張の最上の証明は、素朴な人の不死と精霊に対する信仰であろう。このような人は魂を感覚的に知覚できる精妙な物質であると考えている。そのような物質として魂は、特定の条件の下では、一般の人にとっても見ることのできるものになる(素朴な幽霊信仰)。

そのような人にとって現実世界以外のもの、特に理念世界は非現実的であり、「単なる観念」であるにすぎない。思考が対象に付け加えるものは、事物についての単なる思考内容である。それは知覚内容に現実的なものを何一つ付け加えてはいない。

素朴な人は事物についてだけではなく、出来事についても、感覚的に知覚できることが現実であることの唯一の証拠だ、と考えている。その見方からすれば、感覚的に知覚できる力が一つの事物から生じて他の事物に作用するとき、そのときはじめて事物と事物との相互作用が生じる。古い物理学は、非常に精妙な成分が物体から流れ出ており、それがわれわれの感覚器官を通して魂の中にまで入り込んでくる、と信じていた。このような成分を実際に目で見ることができないのは、その成分の精妙さに較べて、われわれの感覚が粗雑すぎるからなのである。そのような成分はすべて原則的には現実なのである。感覚界の諸対象と同じ理由でそうなのである。その存在形式が感覚で捉えることのできる事物の存在形式と似たものだからである。

理念的に体験できる、自分自身に基礎を持った本質存在は、素朴な人の意識にとっては、感覚的に体験できるものと同じ意味で現実的であるとは言えない。「単なる観念」は、感覚的に知覚されることによってその現実的性格が確認されるまでは、単なる妄想でしかない。単純化した言い方をすれば、素朴な人は思考による理念的な証拠以外に、感覚による現実的な証拠をも要求する。そしてこの要求の中にこそ、啓示信仰の原始形態の成立根拠がある。思考によって与えられる神は、素朴な人の意識にとっては、常に単なる「考えられた」神であるにすぎない。素朴な意識は、感覚的に知覚できる手段によって明示されることを求める。神は体を持った存在となって現れなければならない。思考による証拠はあまり高く評価されず、いわば水から葡萄酒への変化によって、神性の存在が感覚的に証明される、ということにのみ重きをおこうとする。

素朴な人はまた、認識行為をも感覚の経過と類似した働きであるかのように考えている。事物が魂の中に印象を作る、または事物が感覚を通して形象を送り込む、というようにである。

素朴な人は感覚が知覚できるものを現実と見做している。知覚内容を持たない神、魂、認識等も知覚対象と同じように考えている。

素朴実在論が科学を打ち建てようとすれば、知覚内容の厳密な記述だけが科学として認められる。その立場にとって、概念は目的のための手段にすぎない。概念は知覚内容の理念的模像を作るために存在する。事物そのものにとっては何の意味もない。素朴実在論者にとって、見ることのできる個々のチューリップだけが現実なのであり、現実たり得るのである。チューリップの理念は抽象物もしくは非現実的な思考像でしかない。それは魂によって、すべてのチューリップに共通する諸特徴から合成されたものなのである。

すべての知覚内容を現実であるとする素朴実在論の根本原則は、知覚内容が無常な存在であるという経験の教えによって、否定される。私の見るチューリップは、今日は現実であっても、一年後には無に帰してしまっている。存在していると言えるのは、類としてのチューリップだけである。けれども、類は素朴実在論にとっては「単なる」理念であり、現実ではない。したがってこの世界観は、現実が現れたり消えたりするのを見なければならない。一方、この立場からは非現実的でしかないものだけが、持続し続ける。したがって素朴実在論は、知覚内容と並んで、理念内容をも認めなければならず、感覚によっては知覚できないような本質存在をも受け容れなければならない。そのため理念的な存在形式を感覚対象の存在形式と類比的に考え、そうすることによって自分との折り合いをつけようとする。だから仮説的に現実として受け容れた眼に見えぬ「力」を通して、感覚的に知覚され得る諸事物は相互に作用し合う。個々の個体を越えて働き続ける遺伝の力も、このような力の一つである。或る個体からそれに似た新しい個体を生じさせる根拠であるこの力によって、類が保たれる。有機体の中に働く生命原理もまたそのような力であり、魂もまた同様である。魂についても素朴な意識は感覚的事物との類比によってその概念を作り上げる。最後に素朴な人にとっての神的存在もまたこのような力である。この神的存在は或る意味では有効な仕方で考え出されている。つまり人間自身の働きとして知覚されるものにまったく対応して、擬人論的に考えられる。

近代物理学は感覚内容を物体の最小微粒子や無限に精妙な素材であるエーテルその他の作用に還元する。例えば熱として感知されるものは、熱を生み出す物体が占めている空間内でのその物体諸部分の運動なのである。ここでもまた知覚できないものが知覚できるものとの類比において考えられている。「物体」概念の感覚的な類比物は、この意味でいえば、すべての面を閉ざした空間の内部であらゆる方向に弾力を持った球体が動き回り、互いにぶつかり合い、壁に当たったり、はね返ったりしている姿である。

このような仮定を設けなければ、素朴実在論にとっての世界は、知覚内容の相互に無関係な寄せ集めになってしまうであろうし、そこにはいかなる統一性も生じ得ないであろう。

けれども素朴実在論が自分の立場を首尾一貫させなかったからこそ、このような仮定に辿りつくことができたのだということは明らかである。その根本命題である「知覚され得るものだけが現実である」に忠実であろうとすれば、何も知覚しないところには、現実的なものを何も仮定できない筈である。知覚され得る事物から働きかけてくる知覚されざる力というのは、素朴実在論の立場からすれば、承認し難い仮説である。この立場はそれ以外の現実を知らないので、この仮定された力にも知覚内容を与える。この立場は知覚的存在形式というひとつの存在形式を、感覚的知覚——つまりこの存在形式を成り立たせている唯一の手段——の欠けている領域にまで適用しようとしているのである。

内に矛盾を含んだこの世界観は、形而上的実在論に辿りつく。それは知覚可能な現実と並んでそれとの類比で考えられた知覚不可能な現実をも打ち建てる。それ故、形而上的実在論は必然的に二元論となる。

形而上的実在論は、運動によって接近したり、諸対象を意識化したりすることによる、知覚し得る事物相互の関連づけを認める場合、そこにひとつの現実を措定している。しかし形而上的実在論が認めるその関連づけは、思考で表現され得るものであって、知覚され得るものではない。その理念的な関連は恣意的な仕方で知覚されているかのように扱われている。そのようにしてこの立場は、永遠の生成過程の中にあって現れては消えていく知覚対象と、知覚対象を生み出す永続的な働きである知覚し得ない諸力とから現実世界を合成する。

形而上的実在論は素朴実在論と観念論との矛盾だらけな混合物である。この立場が仮定する諸力は知覚し得ぬ存在でありながら、知覚の諸性質を担わされている。この場合は、知覚を通して認識し得る世界領域の外に、知覚では役に立たず、思考によってしか把握できない、もう一つの領域を存在させようと決意した。けれどもこの立場は、思考が仲介する存在形式である概念（または理念）を知覚内容と同じ確かさを持った現実要素であると認めることができない。知覚できない知覚内容という矛盾を避けたいのなら、思考によって仲介される知覚内容相互の関係が概念と同じ存在形式を持っていることを承認せねばならない。形而上的実在論から間違った構成部分を取り去ってしまえば、世界を知覚内容とその概念的（理念的）関連との総体として示すことができる。こうして形而上的実在論が辿りつく世界観は、知覚内容を知覚し、知覚内容相互の関係を思考する、という原則を立てる。この世界観は知覚世界と概念世界以外の第三の世界領域を存在させることができない。いわゆる現実原則と観念原則という両原則を同時に働かせる第三の世界領域を存在させることができないのである。

形而上的実在論は知覚対象とそれを知覚する主観との間の理念的関係以外に、知覚内容の「物自体」と知覚主観（いわゆる個体精神）の「物自体」との間にも現実的な関係が存在する、と主張するが、この主張は感覚世界の経過と共通したものでありながら、しかも知覚できないような存在経過がある、という誤った仮定の上に立っている。さらにまた私は自分の知覚世界とは意識的、理念的な関係を持っているが、現実世界そのものとは単なる力動的な関係しか持ち得ないという主張も、すでに指摘した誤謬を犯すことになる。力の関係は知覚世界（すなわち触覚領域）の中でのみ語り得るのであって、その外では語ることができない。

われわれは形而上的実在論が最後に辿りつくこのような世界観を、その矛盾だらけな要素を排除した後でなら、一元論と名づける。なぜならこの世界観は一面的な実在論を観念論と結びつけて、高次の統一体にしているからである。

素朴実在論にとっての現実世界は、知覚対象の総計である。形而上的実在論の場合、知覚内容以外に、知覚し得ない力にも現実性が与えられている。一元論はこのような知覚され得ぬ力の代わりに、思考によって獲得される理念的関連を措定する。そしてこの関連こそが自然法則に他ならない。自然法則とは知覚内容の相互関連についての概念による表現なのである。

一元論は知覚内容と概念との他に、別の現実解明の原則を求めたりはしない。現実のどんな領域の中でも、そのような原則を求める必要のないことを一元論は理解している。この立場は主観の眼前に拡がる知覚世界の中に、半分の現実だけを見る。この半分の世界に概念世界が結びつくと、完全な現実が現れる。形而上的実在論者は一元論者に対して、次のような非難を加えることができよう。「あなたの身体組織にとっては、あなたの認識は完全なものであるかも知れない。どの部分にも欠けたところがないかも知れない。けれどもあなたとは別な身体組織をもった別の知的存在の意識に世界がどのように映し出されるか、あなたにはわからない」。一元論者は次のように答えるであろう。「人間知性以外に別の知性があり、その知覚内容もわれわれの知覚内容とは別の姿をとっているとしても、私にとって意味があるのは、別の知的存在をも含めた知覚内容と概念を通して私のところにまでやってくるものだけだ。主観としての私は自分の知覚、つまり人間特有の知覚を通して客体に相対している」。事物の関連はまだ作られていない。しかし主観は思考を通して、この関連をあらためて作り上げる。それによって主観は自分を全体としての世界の中に組み込む。われわれの主観にとって、全体はわれわれの知覚内容と概念とに二分されている。そしてこの両者を結びつけることの中で、真の認識が生じる。どこかに別の知覚内容を持った(例えば人間よりも二倍の数の知覚器官をもった)生物がいたとしたら、この全体の関連がどこか別なところで切り離されているであろう。そしてそれを再構成する試みもまた、この生物に特有の在り方をしているに違いない。素朴実在論と形而上的実在論は、いずれの場合にも魂の内容が世界の単なる理念的な代表作用にすぎないと見做すので、認識の限界への問いを出してくるのである。つまりこのいずれの場合にも、主観の外に存在するものだけが絶対なのであり、独立しているのである。そして主観の内容はこの絶対存在の単なる映像にすぎないのである。完全な認識とは、多かれ少なかれ、この映像が絶対的な客体に似ているということに他ならない。感覚器官の数が人間よりも少ない生物はよりわずかに、それが人間よりも多い生物はより多く、世界内容を知覚する。したがって前者の生物は後者の生物よりも、より不完全な認識能力しか持っていないことになる。

一元論は別な考え方をする。知覚する存在の在り方次第で、世界の関連が主観と客体に分れて現れる。客体はこの特定の主観との関わりにおいては絶対的なものではなく、相対的なものであるにすぎない。したがって主客の対立に橋をかける行為は、まさに人間のまったく特殊な主観にふさわしい仕方でこそ可能になる。知覚行為において世界から切り離されている人間自我は、思考の考察活動においては再び自分を世界関連の中に組み込む。そしてそれによってこの分裂の結果生じた一切の疑問が消え去る。

別種の存在形態をもつ生物は別種の認識を持つかも知れない。しかしわれわれの認識方式だけでも、われわれ自身が立てた問いに答えるのに十分である。

形而上的実在論は次のように問わざるを得ない。知覚内容は何を通してわれわれに与えられるのか。主観は何によって刺戟を受けるのか。

一元論の場合、知覚内容は主観によって規定される。けれどもこの主観は同時に自分自身が規定したものを再び止揚する手段を、つまり思考の働きをもっている。

形而上的実在論は、別な困難の前にも立たされている。異なる人間個性の世界像が相互に類似していることの理由を説明しなければならないのである。一体どうして主観的に限定された知覚内容と概念とから成る私の世界像が同様に主観的に限定された知覚内容と概念とから成る別の人の世界像に一致するのか。どのようにして私の主観的な世界像から他人の主観的な世界像を忖度《そんたく》することができるのか。人間が相互に実際に理解し合っていることから、形而上的実在論者は人々の主観的な世界像の共通性が説明できると信じている。そしてさらにそれらの世界像の共通性から、個人の知覚主観の根底に存する個別精神、又は主観の根底に存する「私それ自体」の普遍性を結論づけている。

それ故この結論は、結果の総計からその基にある原因の性質を導き出している。われわれは数多くの例によって原因を導き出し、その原因が別な場合にどのような結果を生じさせるかを認識できると信じている。このような結論を帰納法による結論と呼ぶ。このような結論をもとに、さらに観察を続けていって、何か予期し得ぬものが生じたときには、その結論を変更せざるを得なくなる。この結論の性質は個々の例を観察する個人の観点に規定されているが、実生活の上ではそのような限定された認識だけでも十分に間に合う、と形而上的実在論は主張する。

帰納法は現代の形而上的実在論の方法論上の基礎になっている。かつては概念の中から概念とは言えないような何かが現れてくると信じた時代があった。つまりかつては形而上的実在論者が求めている形而上的な現実存在を概念だけから認識できると信じていたのでである。このような哲学態度は今日ではすでに克服されたものとなっている。しかしその代わり今日の人は、十分に数多くの知覚事実があれば、そこからこの事実の根底に存する物自体の性質をも結論づけることができると信じている。昔は概念から、今は知覚内容から同じ形而上的なものを取り出してこようというのである。かつての人は概念の透明な姿を眼前にするとき、そこから形而上的なものを確実にひき出すことができると信じていたのだが、知覚内容は同じような透明さでは存在していない。同じ種類の知覚内容でも、知覚内容は現れる度にその都度何か別なものを示している。これまでの知覚内容から結論づけたものも、その後に続く知覚内容によって少しずつ変更させられていく。したがってこのような仕方で獲得された形而上的な形姿は、相対的な正しさしか持ち得ない。それは未来の諸事例によって訂正されていかざるを得ない。エドゥアルト・フォン・ハルトマンの形而上学はこのような方法論上の原則によって特徴づけられている。ハルトマンは最初の主著の扉に次のようなモットーを掲げた。――「帰納的自然科学的な方法による考察の諸成果」。

今日の形而上的実在論者が語る物自体の形姿は、帰納法によるものである。知覚内容と概念を通して認識できる「主観的な」関連と並んで、客観的=現実的な世界関連が存在するということを、形而上的実在論者は認識過程の考察によって確信しており、しかもこの客観的な現実性がどのようなものであるかを帰納法によって、知覚内容から規定できると信じている。

## ●一九一八年の新版のための補遺

これまで述べてきたように、知覚と概念の中で体験した事柄をとらわれることなく観察しようとしても、自然を考察する際に生じる或る種の表象内容が繰り返してそれを妨害しようとしてくる。われわれは、自然を考察しながら、次のように自問自答する。眼によって赤から紫までの色が光のスペクトルとして知覚される。けれどもスペクトルの光線領域は紫を越えて拡がっているにも拘らず、眼はそれを色として知覚できない。しかしその化学作用は認めることができる。同様に赤の境界を越えたところにも光線は存在するが、それは熱の働きしか示さない。これに類似した諸現象の考察によって、次のような観点に行き着く。人間の知覚世界の範囲は人間の感覚能力の範囲内に限定されている。人間がこれまでの感覚以上の感覚を持ったならば、あるいはそもそも人間に別種の感覚が与えられていたならば、世界はまったく別の姿をとって現れるだろう。——空想を逞しくしてこの考えを推し進めていく人は、特に近代自然研究の輝かしい発見をふまえて考えれば、実際誘惑的な結論に到達するであろう。人間が観察できる範囲は人間の身体組織に属する感覚器官に働きかけられるものに限られる。人間の身体組織の制約を受けた知覚内容が現実に対する何らかの規準になると考えるのは正しくない。新しい感覚を獲得する度に現実についての新しい姿が現れるであろうから。——以上のすべては一定の限界内ではまったく正当な意見である。けれどもこの意見によって、知覚と概念の関係が以上に述べてきた意味で公平に観察できなくなってしまうなら、現実に根ざした世界認識や人間認識への道が閉ざされてしまう。思考の本質を体験すること、言い換えれば概念世界を積極的に打ち建てることは、感覚による知覚内容の体験とはまったく異なっている。どんな種類の感覚を持ち得たとしても、知覚内容を思考しつつ概念と結びつけることをしなければ、人間は現実を手に入れることはできない。そして従来あるどの感覚も概念と結びつけば、現実世界を正しく生きる可能性を人間に与えてくれるであろう。人間が現実世界の中に立っているのかどうかという問いは、新しい感覚を通して新しい知覚像が現れるという幻想によっては解決できない。確かに、どの知覚像も知覚者の身体組織を通してその形姿を受け取る。このことを洞察する必要は確かにあるが、思考による考察と結びついた知覚像こそが人間を現実の中へ導いてくれるということも洞察できなければならない。人間の感覚とは異なる感覚の持主にとって、世界がどれほど違って見えるかを空想的に思い描いても、それによって世界と人間との関係を認識することはできない。大切なのは、どの知覚内容もそこに潜んでいる現実の一部分だけしか与えてはくれず、したがってその知覚内容に固有の現実を超えることを求めている、という洞察なのである。これと並んでもう一つ重要なことは、知覚だけでは明らかにならない現実部分にわれわれを導いてくれるのは思考であるという洞察であるが、知覚内容と思考によって作り出された概念との関係を公平に観察するとき、その洞察を妨害する働きが生じる。その働きとは、物理学の経験領域では直接直観し、知覚し得る要素ではなく、電気や磁気のような、一見、眼に見えぬ力の量について語らざるを得ないという状況そのものである。物理学の語る現実要素は知覚内容とも思考活動によって獲得される概念とも無関係であるかのように思える。けれどもそう思うのは、自己欺瞞に基づいている。物理学において獲得されるすべては、間違った仮説でない限り、知覚内容と概念とによって獲得されているのである。眼に見えない内容のように思えても、それは物理学者の正しい認識本能によって知覚内容の領域にまで移し換えられており、またこの分野に対応する概念によって考えられている。電磁場の作用力の強度は、その本質上、知覚内容と概念の間で演じられる認識経過以外のところでは獲得されない。——感覚の数を増やしたり、別の性質に変えたりすることは、別な感覚像を生じさせ、また経験内容をも別様に形成するであろう。けれども本当の認識はこのような経験に際しても、概念と知覚内容の相互作用を通して獲得されねばならないであろう。認識の深化は思考の中に働く直観の力(一一三頁以下参照)に依存している。直観は思考活動の中で得られる体験の場で、より深くあるいはより浅く現実の根底の方へ沈潜していくことができる。知覚像の拡張を通しても、この沈潜の過程は刺戟を受け、それによって間接的に促進されることができる。しかしながら深みへの沈潜による現実の獲得と知覚像の広さ、大きさとを決して混同してはならない。知覚像は常に半分の現実でしかないし、認識者の人体組織によっても制約されている。抽象的な思考作業の中にさまよい込んでしまわなければ、物理学のためにはまさに知覚の場の中で、色や音のようには感覚で直接捉えられない諸要素が解明されなければならないことに気づかされるであろう。この事実は人間認識のためにも知っておかなければならない。人間という具体的な存在は直接的な感覚内容として眼の前にある姿だけでは説明しきれない。それはこの直接的な知覚内容とは別な存在でもあるという事実を考えなければならない。人生には覚醒状態と並んで無意識的な睡眠状態も必要であるように、人間の自己認識にとっても、周囲の感覚的知覚内容の世界の他に、そこから感覚的知覚内容が生じてくる、感覚的に知覚され得ぬ、それよりも遥かに大きな世界が必要なのである。このことはすべて、本書の記述の中に間接的ながらはじめから語られていた。本書の著者がそれにも拘らず、ここでこのような補足を付け加えるのは、読者の中に十分正確に読み取ろうとしない人がいるのを経験させられたからである。——なお注意していただきたいのは、本書で論じた知覚内容の理念を、その特殊な場合である外的な感覚的知覚の理念と混同してはならないということである。これまで述べた事柄からもこれから述べる事柄からも理解できるようにここでは感覚的並びに精神的に人間に近づいてくるもの、概念活動によって把握される以前のものがすべて知覚内容と呼ばれている。心や精神の知覚内容を持つためには、通常の感覚を必要としない。一般用語をそのように拡大解釈して使用することは許されない、と言う人もいるであろう。しかし言葉の使用によって認識の働きを特定の領域に閉じこめてしまおうとするのでなければ、このことはどうしても必要なのである。ただ感覚的な知覚だけの意味において知覚を語る人は、この感覚的知覚を超えて、認識に必要な概念世界にまで達することはできない。ひとつの概念に限定された領域での相応しい意味を与えるためにも、それを拡大解釈しなければならないときがある。ときには概念の中の既知の内容に別の内容を付け加え、それによってその概念に正当性を与えたり、正しい位置づけを与えたりしなければならない。そのような意味で本書の一二六頁にも次のような一節がある。「つまり、表象とは個体化された概念なのである」。この言い方に対しても、言葉の使用が異例であるという非難がなされた。けれども、そもそも表象とは何かを知ろうとするとき、このような言葉の使用はどうしても必要である。概念を必要な位置に置き直す必要を感じている人に、その都度「それは異例な言語使用である」という非難を加えたとしたら、認識上の進歩がそもそも不可能になってしまうのではないだろうか。

# 第二部　自由の現実

# 第八章　人生の諸要因

これまでの諸章で獲得できたものを、はじめにもう一度繰り返しておこう。世界は人間の前に多様な個別存在の総計となって現れる。人間もそのような個別存在の一つである。このような世界の形姿をわれわれはもっぱら外から与えられたものと考えている。そしてこの世界を意識の働きによって発展的に捉えることをせずに、もっぱら眼前にあるものとして受け取るとき、それは知覚内容と呼ばれる。われわれは自分自身をもそのような知覚世界の中に見出す。この自己知覚は、その知覚の中心から別の事実が現れてこなかったならば、他の無数の知覚内容の一つでしかないであろう。それは知覚内容一般、つまり一切の知覚内容の総計をわれわれの自己知覚の内容と結びつけることを可能にしてくれるような何かである。その何かは単なる知覚内容ではない。他の知覚内容のように眼の前にただ見出されるだけでもない。それは活動を通さなければ見出されない。それはまずわれわれ自身の自己知覚と結びついた現れ方をするが、内的意味からすればわれわれ自身を越えた働きをする。それは個々の知覚内容に全体性の理念を付与するので、その結果、知覚内容は互いに関連し合うようになる。また自己知覚によって獲得されたものにも、他のすべての知覚内容と同じ仕方で、理念的性格を考え、それを主観もしくは「自我」として、客体に対比する。このような何かとは思考のことであり、理念的性格とは概念であり理念である。したがって思考ははじめは自己知覚の中に現れるが、単に主観的な現れ方をするだけではない。自己は思考の助けを借りて、自分を主観として表すのであるが、自分自身と思考との関係は、われわれの人格の大切な人生課題なのである。この関係を通して、われわれは純粋に理念的な存在となり、この関係を通して、自分を思考存在と感じる。この人生課題は、そこに別な種類の自己規定の仕方が付け加わらなければ、純粋に概念的、論理的な課題であるに留まったであろう。そしてわれわれは、知覚内容相互の関係や知覚内容とわれわれとの関係を純理念的に作ることで、人生が汲み尽くされてしまうような存在となったであろう。思考によるそのような関係の確立は認識と呼ばれ、認識によって獲得されたわれわれの自己の状態は、知識と呼ばれる。上に述べた課題だけが実現される限り、われわれは単なる認識する存在、あるいは知識を持つ存在であるに留まる。

しかし、こう考えることは正しくない。われわれは知覚内容を理念的に、概念を通して自分自身に関係づけるだけではなく、すでに述べたように、感情を通してもそうするのである。したがって概念内容だけで人生を生きるのではない。素朴実在論者は感情を知識の純理念的な要素よりも、もっと現実的な人格の働きであると考えているが、人生をそのように考えることはまったく正しいと言える。主観の世界における感情は、客観的世界における知覚内容とまったく同じものである。素朴実在論の根本命題によれば、知覚されるものはすべて現実的であり、それ故感情は自分の人格の現実性を保証する。けれども本書が問題にする一元論は感情に対しても、知覚内容を完全な現実にしようとするときにどうしても必要だったあの補足を加えようとする。一元論の場合、感情はまだ不完全な現実なのである。それはわれわれに外から与えられたままの存在形式しか持っておらず、もう一つの要因である概念や理念はまだその中に含まれてはいない。生活の中での感情は、いかなる場合にも、知覚と同じように、常に認識以前に現れる。われわれは自分をまず今在る者と感じる。そして成長するにつれて、漠然と感じられていた自己存在の中に自我の概念が現れてくる。この概念はわれわれにとっては後になって現れてくるが、そもそも感情とは分ち難く結びついている。自我の概念がそのような現れ方をするために、素朴な人は感情の中でこそ現存在が直接現れ、知識の中では間接的にしか現れない、と信じてしまう。したがって感情生活を育成することが何よりも重要だと考える。そのような人は世界の意味関連を感情的に把握したときはじめて、この関連を本質的に理解できたと信じる。そして知識ではなく、感情を認識の手段にしようとする。感情はまったく個的であり、その意味で知覚内容に似ているので、感情哲学者は自分の人格の内部でのみ意味を持つような個的原則を世界原則にしてしまう。彼は全世界を自分の自我の色で染め上げようとする。一元論者が概念によって把握しようとしている事柄を、感情哲学者は感情によって獲得しようとし、対象と自分との感情的な関わりをその最も直接的な関わりであると思っている。

今述べた感情哲学の方向はしばしば神秘主義と呼ばれている。もっぱら感情の上に打ち建てられた神秘主義の立場の誤謬は、知るべきである事柄を体験しようとし、感情という個的なものを普遍的なものにまで引き上げようとする点にある。

感じることは純粋に個的な行為である。それは外界をわれわれの主観に関係づけ、その関係を単なる主観的な体験の中で表現しようとする。

人格には別の個的表現もある。人間は思考を通して普遍的な世界のいとなみに参与する。思考を通して純理念的（概念的）に知覚内容を自分に関係づけ、自分を知覚内容に関係づける。そして感情の中では、客体を主観に関係づけるが、しかし意志の場合には逆になる。意志もまた知覚内容なのであるが、それは自我を客体に個的に関係づけることの知覚内容である。意志における純理念的な要因でない部分は、何らかの外界の事物と同様に、単なる知覚対象である。

それにも拘らず、素朴実在論はこの場合にも、思考を通して獲得できるものよりもはるかに現実的な何かを眼前にしていると信じるかも知れない。素朴実在論は、出来事を概念によって把握する思考とは反対に、出来事や因果関係を直接知ることのできる働きを、意志の中に見るであろう。人間の意志行為は、素朴実在論の立場から見れば、直接に体験できる経過を示している。この立場の信奉者は意志を把握することによって、世界事象の髻《もとどり》を本当に摑むことができると考える。世界の他の事象は外的知覚によってしか把握することができないが、意志の場合には、現実の事象がまったく直接的に体験できるというのである。自我の内部に意志が現れるときの存在形式は、この立場にとって、世界の現実原則になる。自分の意志が普遍的世界事象の特殊な事例のように思われる。それ故普遍的な世界事象そのものが普遍的な意志のように思われる。感情神秘主義の場合に感情が認識原則になっているとすれば、この場合には意志が世界原則になっている。このような立場が意志の哲学（テリスムス Thelismus）である。もっぱら個的に体験されるものが、ここでは世界の構成要因にされている。

感情神秘主義と同様、意志哲学もまた学問と見做すことはできない。なぜなら両者共に世界を概念的に探究することでは目的が達せられない、と主張するのだから。両者共に存在の観念原則と並んで、さらに現実原則をも要求する。そしてそれは或る意味では正しい。けれどもこのいわゆる現実原則をもっぱら知覚という認識手段だけで獲得しようとする点で、感情神秘主義も意志哲学も次のような共通の欠点をもっている。――われわれの認識は二つの源泉を持っている。すなわち思考と知覚である。後者は感情と意志の中で個的な体験となる。知覚の源泉から流れ出る体験はこの二つの世界観の中では、もう一方の認識源泉である思考から流れ出るものと合流できない。知覚と思考という二つの認識方式は、高次の媒介なしに並存し続ける。知識によって獲得される観念原則と並んで、思考によっては把握されないで、もっぱら体験されるだけの現実原則が世界認識のために存在しなければならないというのである。この主張を別な言葉に置き換えるなら、感情神秘主義と意志哲学は素朴実在論であるということになる。だからこそ、両者は共に直接知覚され得るものだけが現実なのだ、という命題に従っている。本来の素朴実在論に比べてこの両者は、ただ首尾一貫していないという点だけが異なっている。なぜなら特定の知覚形式にすぎない感情もしくは意志を、存在のただ一つの認識手段にしようとしているからである。つまりこの両者が、一般に知覚され得るものだけが現実なのだ、という根本命題に従うときにのみ、今述べた論拠は意味をもつのである。

意志哲学は、形而上的実在論になることができる。それは自分の主観の中で可能になるような直接体験のできない存在領域にまでこの意志を移し換えた場合である。意志哲学は主観の外にも別の原則を仮定するが、この原則のためにも、主観的な体験が現実性を保障するただ一つの決め手になる、と主張するのである。形而上的実在論としての意志哲学も前章で述べた批判を免れることができない。すなわち、すべての形而上的実在論に共通の矛盾に満ちた契機を克服するために、意志は理念的に他の世界と関係しなければ、普遍的な世界事象になることはできない、ということを認めなければならないのである。

## ●一九一八年の新版のための補遺

思考の本質を観察を通して理解することの難しさは、次の点にある。すなわち、思考に注意を向ける魂にとって、思考はすでにあまりにも容易な仕方で正体を現しているのである。しかもその場合の思考は魂にとっては死んだ抽象物、生きた思考の死体でしかない。そのような抽象物だけに眼を向けていると、感情神秘主義や意志形而上学の「生きいきとした」要素の中へ入っていきたくなるに決まっている。「単なる思考内容」の中に現実性の本質を見出そうとする人がいるとすれば、それは奇妙な態度だと言わねばならない。けれども本当に思考を生かそうとする人はどんな感情の働きも、どんな意志の自覚も、この思考活動の中にある内的な豊かさや、静かで同時に動的な経験に比較できるようなものを持ち得ないことに気づく。まして感情と意志が思考の代行をすることができるとは思えなくなる。そしてこのような豊かさ、体験の内的充実があるからこそ、通常の思考がかえって抽象的で死んだもののように思えるのである。人間の魂の働きの内で思考ほど誤解され易いものはない。意志と感情とは、その状態を後から体験するときにも、魂を暖めてくれる。思考を後から体験する場合には、大抵の場合、魂は冷えたままである。思考する魂は乾いているように見える。しかしこれは熱くそして輝きに満ちて世界現象の中に沈潜する思考の単なる影にすぎない。ただその影が自分を非常に際立たせているのである。この沈潜する思考態度は思考活動そのものの中を流れている内的力によって生じる。それは精神化された愛の力である。誰かが生きた思考の中に愛を見出すとき、それは愛という感情を思考の中に投影しているのだ、と非難する人がいるかも知れないが、その非難は当たっていない。なぜならその非難は今述べていることに確認を与える結果になってしまうからである。本質に即した思考に向かう人は、思考そのものの中に感情と意志とを共に見出すのである。感情も意志も、現実の深みの中に存在している。思考から離れて、「単なる」感情と「単なる」意志に向かう人は、感情と意志の真の現実的性格を奪ってしまう。思考を直観的に体験しようとする人は、感情と意志の体験にも適応するであろう。しかし感情神秘主義と意志形而上学とは、直観的な思考による存在の把握を体験することができない。この両者はあまりにも簡単に、自分が現実の中に立っていると思い込んでいる。そして直観的な思考が感情を持たず、現実から離れて、「抽象的な思索」の中で世界像の冷たい影絵を作っていると思い込んでいる。

# 第九章　自由の理念

樹木の概念を認識しようと思えば、樹木の知覚内容をまず持たざるを得ない。その後でその知覚内容のために、特定の概念を概念組織全体の中から取り出す。概念と知覚内容とは、その知覚内容を思考することによって、間接的にではあるが、客観的に関連づけられている。或る知覚内容とそれについての概念との結びつきは、知覚行為の後にならなければ認識できない。とはいえ両者の不可分の関係は事柄そのものの中にあらかじめ込められている。

人間と世界との関係の認識を問題にする場合にはこの経過は別の仕方で現れる。これまでの論述の中では、この関係をとらわれぬ観察によって解明できることを示そうと試みてきた。この観察の意味を正しく理解すれば、自己完結的な本質存在である思考を直接観察することができる。思考の本質を解明するには、例えば頭脳の働きとか意識的な思考の背後に存在する無意識的な精神の働きのような、別な何かを持ち込む必要があると考える人がいるが、そのような人は公平な眼で思考を観察することの意味がよく分っていない。思考を観察する人は、その観察の中で、独立した精神的な本質存在の中に直接生きている。したがって精神の本質を直接表している形態を知ろうとする人は、それを自己自身に基づいて働く思考の中に見出すであろう。

思考そのものを考察するときには、概念と知覚内容とが、いつものように別々に現れることなく、ひとつに結びついている。この点を洞察できなければ、知覚内容から取り出された概念の中に、この知覚内容の単なる影絵しか見ることができず、知覚内容の方が真の実在のように思えるであろう。その人はまた、形而上的世界をも知覚世界を手本にして構築し、それを原子の世界とか意志の世界とか無意識的精神世界とかと名づけるであろう。その名づけ方はその人の表象の仕方によって異なる。その人はこういう仕方で形而上的世界をその人の知覚世界を手本にして、仮説として作り上げたにすぎないということを忘れている。しかし思考の働きを洞察できる人は、知覚内容の中には現実の一部分しか存在せず、別の現実部分はこの知覚内容を思考することによって体験されるものであり、それによってはじめて現実が完全な姿をとって現れる、ということを知っている。その人は意識の中に現れる思考内容が現実の影絵のようなものではなく、自己に基づく精神的本質性であることを理解するであろう。そしてその本質性が直観を通して意識の中に現れることをも知るであろう。直観とは純粋に精神的な内容を純粋に精神的な仕方で意識的に体験することである。直観を通してのみ思考の本質を把握することができる。

直観的思考の真実を公平な眼で認めるようになったとき人間の心身組織の意味も分ってくる。この組織は思考の本質に対して何も影響を与えることができないのである。このことははじめは事実と明らかに矛盾しているように見える。人間の思考は通常の経験の中では、常にこの心身組織の下で、この組織を通して、現れる。その現れ方があまりにはっきりしているので、今述べたことの意味を洞察できるためには、この組織が思考の本質の中にまで働きかけてはいないことをはっきりと認識できなければならない。そして一度この認識が持てれば、この組織と思考との関係がどれ程独特な在り方をしているのかを、もはや見誤ることはない。実際この組織は思考の本質に対して何も影響を及ぼさない。思考活動が始まると、むしろそれは席を空け、背後に退いて自分の活動をやめる。そして思考がその空席に腰を据える。思考の本質的な働きは二重の仕方で現れる。第一に、思考は人体の組織を、その固有の活動へ押し戻す。第二に、その代わりに、自分自身をそこに据える。人体組織の働きを退けるのは、思考が意識の表面に現れるようにするためなのである。いかなる意味で思考が人体組織に思考像を投影するかは、この点から見て取ることができる。そして一度このことが見えてくるなら、思考そのものにとってのこの映像の意味をもはや誤解することはないであろう。柔らかい地面の上を歩くと、足あとが地面に残される。その足あとの形が地面の働きで下からつくり出される、などと言う人はいない。足あとを作り出すために地面が働いているのでもない。同様に、思考の本質を公平な眼で観察する人は、人体組織の中の思考の痕跡に対してそれを生じさせたのは思考ではなく、人体の方だ、とは考えない[註]。

**註** 心理学や生理学などの中でこの考え方をどのように主張できるかについて、著者は本書に続く諸論文の中でさまざまな角度から論じてきた。ここでは思考そのものを公平な眼で観察するとき、そこから何が明らかになるかについて述べるに留めておく。

しかしここで重要な問いが生じる。思考の本質に人体組織が何の関わりも持っていないのなら人間存在全体にとってこの組織はどんな意味を持っているのか。この組織の中で思考を通して生じるものは、確かに思考の本質と何の関係も持たないが、しかし思考からの自我意識の成立とは関係がある。思考の本質そのものの中には、本当の「自我」は存在していても、自我意識は存在していない。公平な眼で思考を観察すれば、このことが洞察できる。「自我」は思考の内部に見出すことができるが、「自我意識」は思考活動の痕跡が上述した意味で一般意識の中に刻印づけられることによって生じる。（つまり自我意識は人体組織を通して生じる。とはいえ、一度生じた自我意識は人体組織に依存し続けることなく、思考そのものの中に取り入れられ、そして人間の精神的本性の一部となる。）

「自我意識」は人体組織の上につくられる。意志行為はこの組織から現れてくる。意志行為が人体組織からどのように生じてくるかが観察できたときはじめて、思考と自我意識と意志行為との関連を、上に述べた方向で洞察することができるようになるであろう。

個々の意志行為は常に動機と衝動という二つの要因を持っている。動機は概念や表象による要因であり、衝動は人体組織に直接制約された意志要因である。概念要因としての動機は意志のその時々の規定根拠であり、衝動は個体の持続的な規定根拠である。意志の動機になるものは、純粋な概念または特定の知覚と結びついた概念である表象のいずれかである。普遍概念や個別概念(表象)が意志の動機になるのは、それが人間に働きかけて、特定の行動をするように促すときである。同じ概念や表象は、ひとりひとりの人間にさまざまな仕方で働きかける。そしてさまざまな人間をさまざまな衝動に駆り立てる。それ故意志行為は概念や表象の結果だけではなく、個人の在り方の結果でもある。そのような個人の在り方を、われわれはエドゥアルト・フォン・ハルトマンに従って、性格学的素質と呼ぶことにしたい。概念や表象が性格学的素質に対して行う働きかけは、ひとりひとりの人生に特定の道徳的倫理的な刻印を与えている。

性格学的素質は、われわれの主観の多かれ少なかれ持続的な生活内容によって形成される。言い換えれば、われわれの表象内容と感情内容とによって形成される。今私の中に現れてくる表象が私の意志を動かすかどうかは、その表象が私の中の他の表象内容や私固有の感情内容に対してどのような関係をもつかによって決まる。しかし私の表象内容はこれまでの人生の間に知覚内容と結びついて表象となった概念の総計によって条件づけられており、そしてさらにこの概念の総計は私の直観能力と私の観察範囲とに依存している。言い換えれば経験上の主観的客観的な諸要因、あるいは内面の在り方と外的な生活環境とに依存している。私の性格学的素質はまったく特別の仕方で私の感情生活に規定されている。私が特定の表象や概念に喜びを感じるか、それとも嫌悪を感じるかによって、それが私の行為の動機になったりならなかったりするであろう。——以上が意志行為に際して問題になり得る諸要素である。今ある表象や概念は動機になることによって、今の私の意志の目標、目的を規定する。そしてこの目標に私の活動を向けるのは私の性格学的素質である。これから三十分散歩しようという表象が、私の行動目標となるとする。けれどもこの表象が意志の動機となるには、それが性格学的素質に働きかけねばならない。言い換えれば、それが意志の動機となるのは、私のこれまでの人生が散歩することの合目的性、健康にとっての価値などの表象を私の中に生み出し、散歩をするという表象が私の快の感情と結びつくときなのである。

したがってわれわれは二つの事柄を区別しなければならない。一、特定の表象や概念を動機にすることのできる主観的な素質、二、私の性格学的素質に働きかけて意志を生じさせることのできるような表象や概念である。前者は道徳の衝動を、後者は道徳の目標を表している。

道徳の衝動を見出すことができるためには、個人の生活がどのような要素から成り立っているのかを知らなければならない。

個人の生活の第一段階は知覚である。しかも感覚による知覚である。われわれの個人生活の領域では、知覚が感情や概念によって媒介されることなく、直接意志に転化される場合がある。そのような場合の人間の衝動は、衝動そのものと呼ぶことができよう。純動物的な低次の欲求（空腹、性的欲求等）を満足させることがここでは問題になる。衝動生活の特徴は、個別知覚が意志に転化される際の直接性にある。本来は低次の感覚生活にのみ固有のこの意志決定は、高次の感覚の知覚内容にも適用されうる。外界における何らかの出来事を知覚する際に、特別反省したり特定の感情と結びつけたりすることなしにも、すぐに行動に移るような場合が日常の人間関係の中でも生じる。われわれはこのような衝動的な行動を、生き様または人間味と呼んでいる。知覚内容を直接行動に転化させることが多ければ多い程、その人は純粋に自分の生き様にふさわしい生活をしていることになる。言い換えれば、生き様が性格学的素質になっている。

人間生活の第二の領域は感情である。特定の感情は、外界の知覚内容に結びついて行為の原動力になることができる。飢えた人を見るとき、その人に対する私の同情心は私の行動を呼び起こす。そのような種類の感情としては、羞恥心、誇り、名誉心、遠慮、後悔、

同情、復讐、報恩、敬虔、忠誠、愛情、義務感等がある。註

註 エドゥアルト・フォン・ハルトマンの『道徳意識の現象学』の中に、形而上的実在論の立場から見た道徳原理の完全なまとめが示されている。

人生の第三段階は思考と表象である。表象も概念も考慮することだけで行動の動機となることができる。表象が動機となるのは、人生の中で多かれ少なかれ変化しては何度でも現れてくる知覚内容に意志の特定の目標が結びつくからである。したがって経験豊かな人の場合、特定の知覚内容と共に、常に行為の表象もまた意識に上ってくる。これまで同じような場合に自分が行ってきたことや、自分の周囲で行われてきたことに関する表象がある。そのような表象が行為の決定に際して手本として意識化されるが、それもまた性格学的素質の一部分となる。われわれはこのような意志の衝動を実際経験と名づけることができる。実際経験は次第に生き様に見合った行為となって現れる。典型的な行動の表象が特定の生活状況の表象と意識の内部でしっかりと結びついたとき、したがって経験に基づく考慮をすべて飛び越えて、知覚内容を通して意志行為に直接移っていくとき、このような場合が生じる。

個人生活の第四の最高段階は、特定の知覚内容を顧慮することのない概念的思考である。

われわれは概念内容を純粋直観を通して理念界から取り出してくる。そのような概念は特定の知覚内容との関係をまったく持っていない。知覚内容を指示する概念（つまり表象）の影響の下に意志を働かせる場合には、この知覚内容が概念的思考の廻り道を通ってわれわれに働きかける。純粋直観の影響の下に行動する場合には、純粋思考が行動の原動力となる。哲学上この純粋思考の能力は通常理性と呼ばれているので、この段階に現れる道徳衝動を実践理性と呼ぶのが正しいであろう。クライエンビュール（『カントの倫理的自由』月刊哲学誌　一八巻三号）は、意志のこの原動力について非常に透徹した論述を行っている。彼のこの論文は、現代哲学、特に倫理学の最も重要な業績の一つに数えられると思う。クライエンビュールは今述べた原動力を実践的アプリオリ（アプリオリは哲学用語で先天性という意味である――訳者）と述べている。それは直観から直接生じてくる行動への衝動なのである。

このような衝動が、もはや厳密な意味では性格学的素質の領域に入れられないのは明らかである。なぜなら、ここで原動力となって働くのは、もはや私の内なる単なる個的なものではあり得ず、私の直観の理念内容であり、したがって普遍的な内容となっているからである。この内容の正しさを行動の基礎もしくは出発点として認めるいなや、私は意志の領域に立ち入る。そしてその際、すでに概念が時間上それ以前から私の中に存在していたか、それとも行動する直前に私の意識に現れたのかはどちらでもよい。言い換えれば、概念が素質として私の中にあらかじめ存在していたのか、そうでないのかはどちらでもよい。その時々の行動への衝動が、概念の形式をとるか表象の形式をとるかして、性格学的素質に働きかけるとき、はじめて本当の意志の行為が生じる。そのような衝動がこのとき意志の動機となる。

道徳の動機は、表象と概念である。感情の中にも道徳の動機を見ようとする倫理学者がいる。彼等は例えば、道徳行為の目標が行為する個人の最大限の快の感情の充足にある、と主張している。けれども快の感情そのものは、動機になり得ない。ただ表象された快の感情だけがそうなり得る。感情そのものではなく、未来に生じるべき感情の表象が私の性格学的素質に働きかけるのである。なぜなら感情そのものは行為の瞬間はまだ存在しておらず、むしろ行為を通じて生み出されるものだからである。

自分または他人の満足感の表象を意志の動機と見做すことは正しい。行動を通して最大限の快の感情を生じさせる原理、個人の幸福を可能にする原理は利己主義である。個人の幸福を盲目的な仕方でもっぱら自分の満足のために、他人の幸せを犠牲にして、獲得しようとする場合（純粋な利己主義）もあれば、他人の幸せを願うことは願うが、それは幸せな他人の存在によって間接的に自分に対する好ましい影響を期待するためにそうしたり、あるいは他人を損うことで自分の利害が脅かされるのを恐れてそうする場合（打算的道徳）もある。利己主義的道徳原則の内容は自分もしくは他人の幸福についてどんな表象を持つかによって異なる。人生の財宝と見做されるもの（豊かな生活、幸福への希望、さまざまな不幸からの救済等）の如何によって、利己的な努力内容が決まる。

　純概念的な行為内容も動機として顧慮されねばならない。この内容は、自分の快楽の表象のように、個々の行為だけに関わるのではなく、行為を体系づけられた道徳原則の基礎の上におこうとする。道徳原則は、個人に概念の根源について思い煩わせることなく、抽象的な概念形式のままに道徳生活を導くことができる。その場合われわれは、命令となり道徳的必然となって行動を支配するその道徳概念にもっぱら従う。その道徳的必然の根拠を問うことなく、服従を求める道徳命令に従う。それは家長、国家、社会道徳、教権、神の啓示等として認められる道徳上の権威からの命令である。この道徳原則の特殊な場合は、その命令が外的な権威からつくるのではなく、われわれ自身の内部の道徳的自律性からくる。われわれが服すべき声をわれわれは自分自身の内部に聴く。この声の表現が良心なのである。

　人間が、外的もしくは内的な権威の命令を行動の動機にするのではなく、行為の基準を自分の動機の中に見出し、その行為の根拠を洞察しようと努力することは、道徳上の一大進歩を意味する。その進歩は権威による道徳から認識による行動への進歩である。この段階に立つ人は、道徳生活の要求を意識化して、認識することから個々の行動を決定しようとする。そのような道徳生活の要求とは、一、人類全体の最大限の幸福をもっぱらこの幸福そのもののために求める、二、人類の道徳的進化もしくは文化の進歩をますます完全なものにしようとする、三、まったく直観的に把握された個人の道徳目標を実現しようとする——以上の三点である。

人類全体の最大限の幸福は、勿論さまざまの人間によってさまざまな仕方で理解されるであろう。上述した規準は、この幸福についての特定の表象に関わるものではなく、この原則に従い、ひとりひとりの人間がその立場に応じて人類全体の幸福の促進のために働くように求めている。

文化の進歩は、快の感情をもって文化財を受け取ることのできる人にとって、上に述べた道徳原則の特殊な場合となることができる。この進歩は人類の進歩に寄与するさまざまな事物の破壊や没落をも甘んじて受け容れなければならないであろう。とはいえ、文化の進歩の中に、そこに結びついた快の感情から離れて、ひとつの道徳的必然を見ることも可能である。その場合、文化の進歩は先の場合と並ぶ特殊な道徳原則となる。

全体の幸福という原則も文化の進歩という原則も、特定の体験内容（知覚内容）に対する道徳理念の内容の関係もしくはその関係の表象に基づいている。しかし考え得る最高の道徳原則は、このような関係をあらかじめ含んでいる原則ではなく、純粋直観の源泉から発しており、知覚内容（人生）との関係はその後から見出すことができるような原則である。行為の決定は、以前の事例とは無関係に、それとは別の規準によって下されねばならない。全体の幸福という道徳原則に従う人は、どんな行動を行う場合にも、まずこの全体の幸福のために自分が何を寄与し得るかと問うであろう。文化の進歩を信じる人も同じようにするであろう。けれどもより高次の原則においては、特定の個別的な道徳目標から出発するのではなく、すべての道徳規準に一定の価値を付与しつつも、目下の問題にはその中のどの道徳規準がより重要であるかを問おうとする。或る状況の下では文化の進歩を求め、他の事情の下では全体の幸福を求め、第三の場合には自分の幸福に関心を寄せる。そのような個々の場合に応じて、その都度行動の動機を決定する。けれどもすべてのそのような個別的道徳目標が副次的なものになってしまう場合がある。その場合には概念的直観そのものが主役を演じ、他の諸々の動機は指導的な立場から離れる。そして行動の理念内容だけが動機となって働く。

われわれは性格学的素質の諸段階の場合、純粋思考、実践理性として働くものを最高のものと見做し、そして動機の場合の最高のものを概念的直観と名づけた。道徳のこの段階においては、このような衝動と動機が互いに結びつくようになる。言い換えれば、あらかじめ定められた性格学的素質も、規範的に働く外的な道徳原則も、そのいずれもわれわれの行動に働きかけない。規則通りに型にはまっているのでも、外的な刺戟を受けて自動機械のように働くのでもなく、もっぱら理念の内実から行動がなされるのである。

このような行動は、その前提として道徳的な直観能力を必要とする。個々の場合にそれに応じた道徳原則を取り出す能力のない人は、決して真に個的な意志を実現しないであろう。

この道徳原則の正反対がカントの立場である。「おまえの根本命題がすべての人間にも当てはまるような行動をせよ」とカントは言う。この命題はすべての個的な行為を死へ追いやる。しかしすべての人がやるような行動の仕方が私にとっての規準なのではなく、個々の場合に何をしたらいいのかが問題なのである。

表面的に判断すれば、恐らく次のような反対意見が以上の論点に対して提出されるであろう。「一体どのようにして、行動がそれぞれの場合に個的であり、それぞれの状況に応じていながらしかも純理念的に直観から決定されるということが可能なのか」。この反対意見は、道徳上の動機と知覚できる行為内容とを混同することからきている。知覚できる行為内容も動機となることができる。例えば文化の進歩や利己的な行為に際してはそのような内容が動機となっている。しかし純道徳的な直観に基づく行動の場合には、そうではない。私の自我は勿論この知覚内容に眼を向けているが、それによって行動を決定したりはしない。知覚内容が利用されるのは、もっぱら認識概念を作るためであって、必要な道徳概念をそこから取ってくるのではない。当面する或る状況から得た認識概念は、私が特定の道徳原則の立場に立つときにのみ、道徳概念として役立たせることができる。私がもっぱら一般的な文化の進歩という道徳観点に依拠して生きようとするときには、私は決まった人生行路を歩み続けなければならないであろう。その場合、私が知覚し、そして関わりを持とうとするすべての出来事から、道徳的な義務が同時に生じる。例えば文化の進歩に役立つように寄付をするという義務が生じる。事物や出来事は、自然法則的な関連を示すだけではなく、道徳的に私が何をしたらいいかをも教えてくれる。この道徳上の指針は、それだけを取り出せば正しいかもしれない。けれども高次の段階では私が納得する理念と結びつかなければならない。

人間の直観能力はさまざまである。或る人は溢れるばかりの理念を持ち、他の人は苦労してその一つ一つを手に入れる。人間に行動の舞台を提供する生活状況もまたさまざまである。人間がどの行動をとるかは、直観能力が特定の状況に際してどう働くかにかかっている。われわれの内部に働く理念の総計、われわれの直観の具体的な内容は、たとえ概念界そのものがどれほど普遍的であろうとも、常にひとりひとりの中で個別的に現れる。直観内容が行動と結びつくとき、それは個人の道徳的内実となる。この内実を十分に生かしきることが最高の道徳衝動なのであり、そして同時に、他の道徳原則がすべて最後にはこの内実に結びつくことを洞察する人にとっては最高の動機でもある。われわれはこのような観点を倫理的個体主義と呼ぶことができる。

個々の場合の行為は、状況に応じた個的に対応する直観を見つけ出すことによって決定されねばならない。この道徳段階に到れば、もはや普遍的な道徳概念（規範、法則）だけでは解決がつかない。規範や法則は個的な衝動を一般化できなければならない。普遍的な規範は常に具体的な事実を前提とし、具体的な事実から引き出されてくる。そしてその具体的な事実は、まずはじめに人間の行為を通して作り出される。

われわれが合法則的なもの（個人、民族および時代の行動の概念内容）を求めるとき、ひとつの倫理学を見出すことができるが、しかしそれは道徳の規範学としてではなく、道徳の博物誌としてである。ここで獲得される諸法則は、人間の行為に対して、ちょうど自然法則が個々の自然現象に対するような関係を持っている。この諸法則とわれわれの行為の根底にある衝動とは同じものではない。どういう場合に人間の行為が道徳意志から現れてくるかを理解しようとするにはまずはじめにこの意志と行為との関係に眼を向け、この関係が規定的な意味を持つような行為を見つけ出さねばならない。そのような行為を後から反省してみるとき、どのような道徳原則がそこに働いていたかを知ることができる。私が行為している間、道徳原則はもっぱら直観となって私の中で働いている。そうでなければ、その道徳原則は私を突き動かさない。それは私が行為を通して実現しようとする対象への愛と結びついている。「私はこの行為を行うべきなのか」を世間に、あるいは何かの権威に私は問いかけようとはしない。行為についての理念が把握できたとき、私はそれをすぐ実行に移す。だからこそそれは私の行為なのである。特定の道徳規範がそこに認められるという理由だけで行為する人の行為は、その人の道徳法典に記載されている原則の賜物である。その人は単なる執行人にすぎない。高級自動人形でしかない。「行為の動機を意識せよ。そうすればたちどころに、汝の道徳原則の歯車が回転し始め、キリスト教的、人道的、没我的な、あるいは文化の進歩に役立つような行為が合法則的な仕方で遂行されるであろう」というのである。対象への愛に従うときにのみ、私は行為する主体であることができる。この段階の道徳においては、私は主人の命に服するから行動するのではない。外的権威やいわゆる内なる声に従って行動するのでもない。私は自分の行動の外的原則を必要としない。なぜなら私自身の内部に行動の根拠を、行為への愛を見出したのだから。私の行為が良いか悪いかを悟性的な手段で調べようとも思わない。私が行動するのは、それを愛しているからである。愛に浸った私の直観が直観的に体験されるべき世界関連の中に正しく存在しているとき、その行為は「善」になり、そうでない場合の行為は「悪」になる。私はまた、他の人ならこの場合どのような態度をとるかと尋ねようとは思わない。私という特別な個性がそうしようと私を促すからこそ、私は行為するのである。私を直接導いているのは、一般的な慣習や普遍道徳や一般人間的な原理や道徳規範などではなく、行為に対する私の愛である。私は私に衝動を促す自然の強制も道徳的至上命令の強制も感じない。私はもっぱら私自身の中にあるものを実現しようと欲する。

普遍的な道徳規範の擁護者は、以上の論点に対して次のように言うであろう。「すべての人が自ら好む通りに行ったり、生きたりしたいと望むならば、正しい行為と犯罪との区別がつかなくなってしまう。私の中に潜む偽りの傾向もまた、善に仕えようとする意図と同じように要求を立てるに違いない。或る行為を理念に従って行おうとすることがではなく、その行為が善であるか悪であるかを吟味することが私を道徳的人間にするのである。それが善であると分った場合にのみ、私はその行為を行うつもりだ」。

この非難は至極明瞭なものに思えるが、これまでの論点を誤解しているにすぎない。これに対する私の解答は、以下の通りである。——人間の意志の本質を認識しようとする人は、この意志を特定の段階まで発達させてくれる道と、この道を辿る意志の在り方とを区別しなければならない。目標への途上においては規範が正しい役割を演じる。この道の目標とは直観によって把握された道徳理想を実現することである。直観的に把握された世界理想へ向かって人間は自己を高めようと努力する。その努力する能力の度合いに応じて、人はそれぞれこの目標を達成していく。個人の意志には大抵の場合衝動や動機以外の何かが、このような目標の中に混入している。とはいえ人間の意志には直観内容がそれを規定するように働いている。またはその規定に一役買っている為すべきことを人は行う。人は為すべきことが行為に移される際の舞台となる。そして自分の行為を自分の中から生じさせる。だから衝動はまったく個的なものでしかあり得ない。直観に発した意志行為はすべて個的な行為なのである。犯罪行為が、または悪そのものが純粋直観の実現と同じ意味で個体性の自己表現であると言えるとすれば、それは盲目的衝動が人間個性の一つに数え入れられるときだけである。けれども、犯罪行為に駆り立てる盲目的な衝動は直観から発するものでも、人間個性に属するものでもなく、人間における最も一般的なものに属する。それはすべての人に対して同じ意味で働くが、人はそれぞれ自分の個的特徴をそこから作り上げていく。私の内なる個性とは私の生体の衝動や感情のことではなく、私の生体の中に輝くかけがえのない理念界のことである。私の衝動や本能や情熱は、私が一般的な意味での人類の一員であるということ以外の何事をも証明してくれない。衝動や情熱や感情の中に理念的なものが特別な仕方で現れる事情こそが、私の個性を基礎づけている。私の本能や衝動だけでは、私は一ダースの中の一員にすぎない。その十二人の中で、他ならぬ私がかけがえのない自我として現れることができるのは、特別な形式を持った理念によるのであり、それによってのみ私は個体なのである。私の動物的本性の特性に従って、私以外の誰かが外から私を他の人と区別するであろう。私は思考を通して、言い換えれば私の生体内に働く理念的なものの積極的な把握を通して、私自身を他の人から区別する。その意味で、犯罪行為が理念から生じると言うことはできない。人間の非理念的な要素から導き出されるということこそ犯罪行為の特徴なのである。

　或る行為が自由な行為と感じられるのは、その根拠が私の個体存在の理念的部分に見出せるときである。そうでない時の行為は、それが自然の強制によるものであろうと、倫理的規範が要求するものであろうと、すべて自由でないと感じられる。

どんな瞬間にも自分自身に従える人間だけが自由なのである。どんな道徳的な行為も、この意味で自由であると言えるときにのみ、私の行為となる。それでは意志された行為がどのような条件の下で自由な行為と感じられるのだろうか。倫理的な意味での自由の理念は人間の本質の中でどのように自己を実現させていくのだろうか。

自由からの行為は道徳法則を退けるのではなく、それを受け容れる。その行為は道徳法則の命じるままに行う行為よりも高次の在り方をしている。私が愛によって行為しているときにも、人類の幸福のために働くことができる。私が人類の幸福のために働くことを義務と感じるという理由だけから行為するときに比べても、その行為が道徳的に劣っているとは言えない。単なる義務の概念は自由を排除する。なぜならこの概念は、個人の個的な在り方を肯定しようとはせず、それを一般的な規範に従属させようとするのだから。行為の自由は、倫理的個体主義の観点からのみ可能となる。

人間のひとりひとりが自分の個性を主張しようとしているときに、いったいどうして共同生活が可能だと言えるのか。間違った理解をする道徳家はこのような非難を加えるであろう。道徳家は人びとが共通の道徳的秩序を前提にして、ひとつに結ばれるときにのみ、人間の共同体が可能となると信じている。このような道徳主義によっては理念界の調和ということが理解できない。私の中に働く理念界も私の隣人の中に働く理念界も同じものであることが分らないのだ。勿論個的理念の統一という事実は経験からしか得られない。当然のことである。なぜなら経験や観察以外の何かによって認識されるものであるなら、それは個的な体験ではなく、一般的な規範になってしまうであろうから。個人がそれぞれ個的な観察を通して他の存在を知るときにのみ、個性が尊重される。私と私の隣人との相違は、互いに異なる精神界を所有していることにあるのではなく、共通の理念界の中から私の隣人が私とは異なる直観内容を受け取る、という点にある。私の隣人はその人自身の直観内容を生かそうとし、私は私自身のそれを生かそうとする。ふたりとも理念から糧を得ようとして、物質的にせよ、精神的にせよ、外的な衝動には従おうとしないならば、私たちふたりは同じ努力、同じ意図の中で互いに出会うことができるであろう。道徳的な誤解やぶつかり合いは道徳的に自由な人間の場合、まったく存在し得ない。自然本能や見せかけの義務感に従うような、道徳的に不自由な人だけが、同じ本能や同じ義務感に従おうとしない隣人を排除する。行為への愛において生きること、他人の意志を理解しつつ生かすこと、これが自由な人間の基本命題である。そのような人が認める「あるべき態度」とは、その「あるべき態度」が直観を通して意志と結びつくような場合に限られる。個々の場合にどのように意志するのかを告げるのは、その人の理念能力なのである。

人間本性の中に根源的な調和を基礎づけるものがなかったとすれば、それを何らかの外的法則によって植えつけることもまたできないであろう。それぞれの人間個性が同じ精神の所産であるからこそ、人間は相互に調和的に生きていけるのである。自由な人は、別な自由人が自分と同じ精神世界に属しており、同じ志向の中でその人と出会えると信じて生きている。自由な人は隣人に同意を求めたりはしない。同意することは人間の本性にとって当然だと思って、同意を期待するのである。このことは、特定の外的制度の問題ではなく、心構えや魂の在り方の問題なのである。自分が評価する隣人と魂の在り方を通して共に生きる人は、人間の尊厳を最もよく理解するのである。

そう言うと、次のように言う人も出てくるであろう。――「おまえが描いてみせる自由人は、幻想にすぎない。そんなものはどこにもない。われわれは現実の人間を問題にしているのだ。人間は自分の道徳的な役割を義務として受け取り、自分の傾向や愛情に逆らってでも、もっぱら道徳律に従うときのみ道徳的であり得るのだ」。――私は決してそのことを否定しようとは思わない。真実から眼をそらせる人だけがそれを否定しようとするだろう。けれども究極の洞察を問題にしようとするのならば、一切の道徳的へつらいを捨てねばならない。だから単純に次のように言えばよい。人間の性質が自由でないならば、その行為は強制されなければならない、と。その不自由さが物質的な手段によるのか、道徳律によるのか、無制限の性的衝動や因襲の足枷によるのかはまったくどうでもよい。しかし自分が他者の力に支配されているのに、その行為を自分の行為だと呼ぶことだけはしないでもらいたい。自由な精神の持ち主は、外からの強制から自分を引き離す。そして慣習や掟やタブー等のガラクタの中にいつまでも留まろうとはしない。人間は自分に従う限り自由なのであり、自分を従わせる限り不自由なのである。おまえのすべての行為が本当に自由なのか、と問われることはあり得よう。けれどもわれわれひとりひとりの中にはより深い本性が宿っており、その中で自由な人間が語っているのである。

われわれの人生は自由な行動と不自由な行動とから成り立っている。けれども人間本性の最も純粋な現れである自由な精神に到ることなしには、「人間」という概念は究極まで理解されたことにはならない。自由である限りにおいてのみ、われわれは真に人間であり得るのだから。

そんなことは理想にすぎない、と多くの人が言うであろう。勿論である。けれどもこの理想はわれわれの本性の内部に現実の要素として存在しており、表面にまで現れてこようと働きかけている。その理想は考え出されたものでも、夢見られたものでもなく、生きたものであり、どんな不完全な人生であろうとも、その中で明らかに自らの存在を告げている。人間が単なる自然物であったとすれば、理想を追求することなどまったく無意味であろう。理想の追求とは、たとえ当初は何の働きを示さなくても、実現へと人を駆り立てるような理念の所産なのである。外界の事物における理念は知覚内容なしには存在し得ない。理念と知覚内容との関連を認識する過程で、われわれは自分の外界を明確に把握していくのである。一方、人間の場合にはそのような言い方はできない。人間存在の総体は人間自身に依存している。道徳的人間（自由な精神）という人間の真の概念は、「人間」という知覚内容とあらかじめ客観的に結びつき、後になって認識の過程で明確にされていく、というものではない。人間は自分から進んで自分の概念を自分の知覚内容に結びつけなければならない。ここでの概念と知覚内容は、当人自身によって重ね合わされるときにのみ、互いに合致する。そして自由な精神の概念、つまり人間自身の概念を見出したときにのみ、そうすることができる。客観世界の中では、生体の組織を通して知覚と概念との間に境界線が引かれている。認識がこの限界を越える。主観世界の中でもこの境界線は同様に存在しており、人間は進化の過程でその境界を克服するために、この世を生きる人間として自分の概念を完成させなければならない。したがって知的生活も道徳生活も、われわれを知覚（直接体験）と思考という二重性へ導く。この二重性を知的生活は認識を通して克服し、道徳生活は自由な精神の真の実現を通して克服する。どの人間存在もすでに生まれついた時から概念を有している。それははじめは生きるための法則として働いている。この同じ概念は外的事物の中では知覚内容と分ち難く結びついており、われわれの精神組織の内部では知覚内容から切り離されている。人間の場合、概念と知覚内容がはじめは実際に切り離されているが、それは人間自身の手で再び実際にひとつに結び合わされるためである。人は反対することができよう。――「人生のどの瞬間においても、人間というわれわれの知覚内容には特定の概念が対応している。どんな事物についてもこのことは当てはまる。私は杓子定規の人という概念を作り、それを知覚内容として示すこともできる。私がそこにさらに自由な精神という概念を持ち込むならば、同一対象に二つの概念を当てはめることになるのではないのか」。

これは一面的な考え方である。知覚対象としての私は絶えざる変化の中にいる。子どものときの私は若者のときの私とも成年期の私とも異なっていた。どんな瞬間にも、私という知覚像は以前の私の知覚像と異なっている。この変化にも拘らず、この変化の中に常に同じ杓子定規の人が語っていたり、自由な精神が語っていたりする。知覚対象としての私の行為もそのような変化の下にある。

人間という知覚対象が変化する可能性を持っているのは、例えば植物の種の中に植物全体にまで生長する可能性があるのと同様である。植物は自らの中で客観的法則に従って変化を遂げていく。人間は、自分の力で自分の内なる素材に変化を加えることができないとすれば、不完全な状態に留まり続ける。自然は人間から単なる自然存在をつくり出す。社会はその自然存在を規則に従って行動する存在にする。しかしその存在を内部から自由な存在につくり変えるのは、もっぱら自分だけなのである。自然は人間がある段階にまで進化を遂げたとき、人間をその拘束から解放する。社会は人間の進化をさらに特定の段階まで導く。けれども最後の仕上げをするのは人間自身なのである。

自由な道徳性の観点は、自由な精神が人間存在の唯一の在り方であると主張しているのではない。自由な精神の中に人間進化の究極の段階を見ようとするのである。とはいえこのことは或る段階において一定の規範に従ってなされる行為の正当性を否定しようとするのではない。ただその際にはまだ絶対的な道徳性の観点が認められないのである。自由な精神は規範を乗り越え、その命令を動機に変え、行為を自らの衝動（直観）に従って行おうとする。

カントは義務について次のように言う。「義務よ、おまえは崇高な偉大な名前だ。おまえは自分の中に媚びへつらうものを何一つ寄せつけず、すべてに服従を求める」。おまえはまた「すべての選り好みが沈黙せざるを得ないような……法則を課する。たとえその選り好みがどれ程巧みに姿を隠して忍び寄ろうとしてもである」。これに対して、自由な精神は次のように答えるであろう。「自由よ、おまえは人間的で親しみやすい名前だ。おまえは私の人間性がふさわしいと考えるすべての道徳的欲求を取り上げ、私を決して他人の従者にしようとはしない。おまえは法則を打ち建てるばかりでなく、私の道徳的な愛そのものが法則となり得ることを願っている。なぜなら愛は、いかなる強制的な法則の支配をも、不自由と感じるからである」。

これは合法則的であるだけの道徳と自由な道徳との対比を示している。外から枠づけされたものの中にのみ道徳の体現を見ようとする俗物は、おそらく自由な精神の中に危険な生き方を見ようとさえするであろう。そうするのは、その人の眼が特定の時代状況にとらわれているからである。その人がそのとらわれから脱することができたならば、自由な精神も俗物の場合と同じように、自分の国の定めた法律からはみ出ようとしていないことにすぐ気づくに違いない。自由な精神は法律に抵触することはないであろう。なぜなら国法というものはすべて自由な精神の直観から生じたものだからである。この点は一切の他の客観的な道徳的法則に対しても同様である。ある家の家訓も祖先がかつて直観的に把握し、そして定めたものである。道徳の因襲的な法則もまた、はじめは特定の人びとによって定められた。国法もはじめは政治家の頭の中で生じた。これらの人びとは他の人間に対してそのような法律を定めたが、この起源を忘れている者だけが自由を失うのである。そしてそれを非人間的な命令や人間から独立した客観的な道徳的義務概念にしてしまい、さらに偽神秘的な内なる強制の声にしてしまう。けれどもその起源を見誤ることなく、人間の中に見出すことのできる人は、そのような法律を理念界のひとつの現れと考える。その人は自分の道徳的直観内容をもその同じ理念界から取り出してきたのである。これまで以上にすぐれたものをそこから取り出したと信じられたならば、これまでのものの代わりにそれを用いる。そしてそうすることが正しいと思えたとき、それを自分のものであるかのように、それに従って行動する。

人間は自分の外にある道徳的世界秩序を実現するために存在しているのではない。そのような主張をする人の人間学はあたかも牡牛に角があるのは突くことができるためであると信じる自然科学と同じ立場に立っているといえよう。幸いなことに自然科学者はこのような目的概念をすでに死んだものの仲間に加えている。しかし倫理学が同じところから脱け出すのはもっと困難らしい。角が突くために存在するのではなく、角によって突くのであるように、人間は道徳のために存在するのではなく、人間によって道徳行為が存在するのである。自由な人間が道徳的な態度をとるのは、道徳理念を所有しているからである。しかしその人は道徳を成立させるために行為するのではない。個的な人間の本質に属する道徳理念こそが道徳的世界秩序の前提なのである。

個的人間こそが一切の道徳の源泉なのであり、地上生活の中心点なのである。国家も社会も、個人生活の必然の結果としてのみ存在する。国家と社会とが再び個人生活に作用を及ぼす事情は角によって可能となった突く行為が、牡牛の角の発達をさらに促す結果となる事情に似ている。角は長く使用しなければ衰えてしまう。個人もまた、人間共同体の外で孤独な生活を営み続ければ、その個性を衰えさせてしまう。好ましい仕方で再び個人に作用し返すためにこそ、社会秩序が形成されるのでなければならない。

# 第一〇章　自由の哲学と一元論

見たものや手で触ったものだけを現実と見做す素朴な人は、道徳生活のためにも感情的に知覚できる行動原理を求め、行動原理を感覚的に理解することを教えてくれる人を求める。自分よりも賢く、自分よりも強力な人や何らかの理由で自分の上に立つと思える人から行動原理を命令として与えられることを願っている。このようにしてさまざまな道徳原則が生じる。それがすなわち、前に述べたような家族、国家、利益社会、教会並びに神の権威である。最もとらわれた人は他人に頼ろうとする。もう少し進んだ人は集団（国家・社会）から道徳的な態度の教示を受けようとする。そのような人が確かな基盤と考えるのは常に、目に見えるさまざまの力である。しかし最後にそのような集団といえども、結局は自分と同じような弱い人間の集まりだと思わざるを得なくなるにつれて、もっと高級な権力の教えを仰ごうとする。すなわち神的な存在であるが、その存在にも、感覚的に知覚できるようなさまざまの特性をまとわせる。そのようにして神が燃える茨《いばら》の中に現れるとか、人間と同じ姿で人々の間を旅するとか、すべきこと、すべからざることをはっきりと耳に聞こえるように語るとか、いずれにしても知覚と結びついた仕方で道徳の概念内容を神的存在から受け取ろうとする。

道徳領域での素朴実在論の最高段階は、道徳命令（道徳理念）がどんな外的存在からも切り離されて、自分の内なる至上の力であると考える場合である。以前の人間が外からの神の声として聞いたものを、今は内なる独立した権力の声として聞くようになる。そしてそのような内なる声を良心の声として受けとめる。

しかしそれと共に素朴な意識の段階はすでに踏み越えられ、人倫の法則が独立した規範となっている領域にわれわれは入っている。もはやその法則は何も担い手を必要とはせず、存在の根拠を自分の内にもつ形而上的な本質存在になっている。その存在は形而上的実在論の説く不可視的＝可視的な作用力に似ている。形而上的実在論は、人間の思考によって現実を把握しようとはせず、それを仮説として体験領域の中に加えようとする。形而上的実在論の随伴現象として、常に人間の認識能力から遊離した道徳規範が姿を現す。形而上的実在論は道徳の起原をも仮定された人間外的な現実存在の中に求めざるを得ない。その場合いくつかの可能性が存在する。この仮定された現実存在が、唯物論の言うように、それ自身思考内容を持たぬ、もっぱら機械的な法則に従って作用するものならば、それはもっぱら機械的な必然性によって、人間の個体やそれに付随するすべてをも自分の中から生み出すであろう。そうなれば自由の意識は単なる幻想でしかなくなる。なぜなら私がどんなに自分で自分の行為を創造していると考えても、私を作り上げている物質とその運動経過が私を支配しているのだから。自分で自由であると信じている私の行為のすべては、私の心身組織の根底にある物質経過の所産でしかないのである。ただわれわれを強制している動機に気がつかないために、われわれは自由の感情を持ち、そしてそのような考え方を肯定しているにすぎない。「われわれはここでも、自由の感情が外から強制する動機の不在に基づいていると主張しなければならない」。「われわれの行動はわれわれの思考と同じように、必然的たらざるを得ない」(ツィーエン『生理的心理学入門』二〇七頁以下)[註]。

**註**　ここでの唯物論に対する態度とそれの正当性については、この章の補遺を参照。

もう一つの可能性は、現象の背後に存する人間外的な絶対者を精神存在として認めることである。その場合、人間の行動への衝動をもそのような精神存在の力の中に求めるであろう。そして理性の中に見出せる道徳原理をも、人間に特別の意図を持っているこのような力の存在から生じたものと見做すであろう。このような二元論者にとって、道徳法則は絶対者からの命令であるかのように思われる。そして人間とは理性を通して、この絶対存在の命令を知り、そして実行する存在にすぎなくなる。二元論者にとっての道徳的世界秩序は、背後に存する高次の秩序の可視的な反映にすぎない。この世の道徳は人間外的な宇宙秩序の現象形式になる。このような道徳的宇宙秩序の主役は人間ではなく、人間外的な存在なのである。人間はこの存在の意志を当為（なすべきこと）として持つ。エドゥアルト・フォン・ハルトマンは、このような存在を神と考えている。この神にとって、存在とは苦悩に他ならない。この神的存在が宇宙を創造したのは、それによって自分の無限大の苦悩から救済されるためなのである。したがって、この哲学者は人類の道徳的進化を、神を救済するための過程であると見ている。「宇宙過程の目標は、理性的、自己意識的な個体による道徳的宇宙秩序の実現によってのみ達成される」。「現実存在とは神の受肉のことである。宇宙の経過は肉となった神の受難物語であり、同時に生身を十字架にかけられたものの救済への道である。そして道徳とはこの受難と救済の道の短縮化に協力することである」（ハルトマン『道徳意識の現象学』八七一頁）。この場合、人間は望んで行為するのではなく、神が救済を欲するから行為すべきなのである。唯物論的な二元論者が人間を自動人形にして、その行動をもっぱら機械的な法則の結果にすぎないと思うように、精神的二元論者（つまり絶対存在は精神存在であり、人間の意識体験はこの精神存在とはまったく無関係であると考える人）は、このような絶対者の意志の奴隷なのである。自由は唯物論の中にも、一面的精神主義の中にも存在しない。そもそも人間外的な存在を真の現実と考え、しかもこの真の現実を体験できぬものと考える形而上的実在論の中には、自由の存在する余地はまったくない。

素朴実在論も形而上的実在論も、同じ理由から自由を否定することになる。いずれの場合にも人間を必然的な外的原則の執行者にすぎないと考えている。素朴実在論は知覚できるもの、または知覚から類推できるものを本質と見做し、この本質の権威に従属しようとする。あるいは自ら「良心」と解釈する抽象的な内なる声に従おうとする。そしてそうすることにより、自由を殺している。人間外的な何かに信をおこうとする形而上学者は、人間を「本質自体」によって機械的または道徳的に規定されていると考えるので、人間に自由を認めることができない。

一元論は知覚世界の正しさを認める。したがって素朴実在論の正しさを決して認めないわけではない。ただ、直観によって道徳理念を獲得できない限りは、どうしてもそれを他者から受け取らざるを得なくなり、道徳原理を外から受け取る限りは、どうしても自由であることはできなくなる、と考える。一元論は知覚内容と並んで、理念にも同じ正当性を認める。人間の個体の中に現れる理念に突き動かされて行動する人が、自由な自分を実感することができる。しかし一元論は単なる論理だけを追う形而上学の正当性を決して認めない。いわゆる「本質自体」に従って行動しようとしても、その正当性を認めることはできない。一元論から言えば、知覚可能な外からの強制に従う限り、人間は自由に行動することができない。自分自身だけに従うとき、はじめて自由に行動できる。知覚や概念の背後に潜む暗い無意識の強制を、一元論は是認しない。他の人の行為が自由を失っている、と誰かが主張する場合、その人を不自由な行為に駆り立てている事物や人間や制度が知覚可能な世界の中に見出せなければならない。感覚的現実もしくは精神的現実の外に行為の原因を求めようとする人の主張を一元論は受け容れない。

一元論から見ると、人間は或る部分では自由に、別な部分では不自由に行動している。人間は知覚世界の中では自分が自由でないことに気づき、自分の内部に自由な精神を生かそうとする。

単なる論理に従う形而上学者が高次の力の現れと考えている道徳命令は、一元論の立場からみると、人間の思考内容なのである。一元論にとっての道徳的世界秩序とは、まったく機械的な自然秩序の模像でもなければ、人間外的な宇宙秩序の模像でもなく、まったく自由な人間の所産なのである。人間は自分の外にいる存在の意志をではなく、自分自身の意志をこの世に実現しなければならない。人間は他人のではなく、自分自身の意図や発想を生かそうとする。一元論は行為する人間の背後に、人間の意志を支配する宇宙統治の目的などを見ようとはしない。人間が直観的に理念の実現を計ろうとするのならば、もっぱら自分の人間的な目的だけに従わなければならない。どんな個体も自分自身の特別な目的に従っている。なぜなら理念界は人間共同体の中ではなく、それぞれの人間の個体の中でしか自分を十分生かすことはないのだから。集団の共通目標とは、ひとりひとりの個人の意志行為の結果であるにすぎない。大抵は少数の優れた人物が発案し、他の人たちはその権威を認めて、それに従うのである。われわれひとりひとりは自由な精神になるという使命を持っている。それはちょうど、どのばらの萌芽もばらの花を開かせる課題を持っているのと同じである。

したがって一元論は、真に道徳的な行為の領域においては、自由の哲学である。一元論は現実哲学なのだから、自由な精神が非現実的、形而上的に制限されることを拒否はするが、素朴な人が物質的、歴史的（素朴実在的）に制約されているという事実を無視はしない。一元論にとって人間とは、人生のどの瞬間にも存在全体を開示できるような完結した所産なのではない。人間が自由であるかないかを議論しても意味はない。一元論は人間の中に進化する存在を認める。そして現在の方向を進めば、自由な精神の段階に達することができるかどうかを問おうとする。

一元論からみると、自然は人間を完全に自由な精神に育ててから、世に出そうとしたりはしない。自然はある段階までは人類を導くが、たとえまだ不自由な存在であったとしても、そこから先は人間が自分で進化を遂げて、自分自身を見つけ出すことのできる地点にまで到らしめようとする。

一元論は物質的または道徳的な強制の下で行為する存在が本当の意味では道徳的でありえないことをよく理解している。この立場は、自然衝動や本能に従う自動人形的な行為も、道徳規範に従う従順な態度も、道徳性の必要な前段階であると考える。けれどもまた、この二つの通過段階を自由な精神によって乗り越える可能性をも考える。一元論は真に道徳的な世界観全体を素朴な道徳律の地上的な桎梏《しっこく》や思弁的形而上学の非地上的な道徳律から解放する。一元論は前者の桎梏をこの世から排除することができない。そもそも知覚内容を世界から排除することはできない。しかし一元論は後者の命令を排除する。なぜなら世界の現象を解明するために、すべての原理を世界内に求め、世界外には求めようとしないからである。一元論は、世界外的な認識原理については考えることさえ拒否し（二四四頁以下参照）、道徳規範についてはそのどんな世界外的な思考内容をも拒否する。人間の道徳性は認識と同様に、人間本性に基づいている。人間外的な存在者が人間とまったく別な仕方で認識のことを考えているとすれば、その存在者はわれわれとは違う道徳性を持っているであろう。一元論者にとって、道徳性とは極めて人間的な特質であり、そして自由とは道徳的であることの人間的な形式なのである。

### ●一九一八年の新版のための補遺の一

これまでの二つの章で述べたことが理解困難であったとすれば、その理由はそこに矛盾があると思えたからであろう。一方で思考の体験が語られ、それがすべての人の意識に等しく当てはまるような一般的な意味をもつと考えられている。ところが他方では、道徳生活の中で実現される理念が思考によって獲得される理念と同じ性質のものでありながら、個的な仕方で、ひとりひとりの意識の中で生かされるものとして語られている。このような対比を矛盾と感じる人、この実際に存在する対立を生きいきと直観することのできない人、そこに人間本性の一部分が開示されていることに気づかない人、そのような人は、認識の理念にも自由の理念にも正しい光を当てることができない。概念をもっぱら感覚世界から引き出してきた抽象の産物と考えて、直観を正当に評価しようとしない人にとっては、これまでに現実的なものとされてきた思考内容は現実であるとは思えず、「単なる矛盾」としか思えなくなる。理念はそれ自身に基づく本質存在として直観的に体験することができる。このことが洞察できた人は、理念界の周辺にいる人間が認識しつつすべての人に共通する世界の中に参入していくことを悟る。そしてまた、人間がこの理念界から意志行為のための直観内容を取り出すなら、この理念界の一部分がこの活動を通して個体化されること、しかしその同じ行為は認識の場合には普遍的人間的な在り方を示していることを理解するであろう。認識における理念の普遍的な性質と道徳における理念の個体的な性質とは論理的には矛盾しているように見えるが、真の現実を直観するならば、この矛盾の中にこそ生きた概念が働いている、ということが分る。普遍的に妥当する認識とその普遍の個的な体験との間で揺れ動く生きた振子のように、人間によって直観的に把握できるものが人間の中で左右に揺れ動いている。そしてこのことの中に人間の本質が何よりもよく現れている。一方の側の真実しか見ることのできない人にとって、思考は単なる主観的な人間行為でしかない。同様に他方の真実しか理解できない人にとって、人間の思考活動と共にすべての個的な生活が見失われてしまう。前者の側に立つ思想家にとっては認識が、後者の思想家にとっては道徳生活が見通し難い事実となる。いずれの場合にも、自分の立場を説明するのにあらゆる種類の観念が生み出されるが、そのどれもが的外《まとはず》れである。なぜなら思考の体験をそもそも全然理解していないか、または抽象的な活動として誤解しているかのいずれかだからである。

## ●一九一八年の新版のための補遺の二

一九五頁には唯物論という言葉が使われている。そこに言及してあるテオドル・ツィーエンのように、自ら唯物論者と名乗らない人の立場にも、本書の観点に立てば、この言葉を適用せざるを得ないことが多いのである。ここで問題になっているのは、或る思想家が、世界には物質存在しかない、と主張しているかどうかなのではなく、物質存在にしか適用できない概念を用いて論旨を展開しているかどうかなのである。「われわれの行動は、思考と同じように、必然的な在り方をしている」と語る人は、物質経過には適用できても、行動には適用できない概念を用いている。そしてこの概念を徹底させれば、どうしても唯物論的に思考せざるを得なくなる。ただ、その人がそうしない理由は、徹底させずに概念を使用している結果、首尾一貫した態度に出なくてもすんでいるからにすぎない。——近頃よく耳にするのは、一九世紀の唯物論にはすでに学問的に決着がつけられている、という言葉である。しかしそんなことはまったくない。現代人の多くは、物質にしか適用できない概念を使用しながら、そのことに気づいていない。皮を被った現代の唯物論は、前世紀のむき出しの唯物論よりも、精神的な世界観に対して、より非寛容な態度をとっている。自然科学が「唯物論をとっくの昔に見棄てている」のだから、精神的なものを志向する世界観をわざわざ認める必要はない、と多くの人たちを思い込ませているのも、この皮を被った唯物論なのである。

# 第一一章　世界目的と生活目的——人間の使命

人間の精神生活のさまざまな流れの中で、今取り上げる必要があるのは、目的が存在し得ない領域での目的概念についてである。合目的性とは、連続する現象相互の間の或る特定の在り方のことである。先行する出来事が後続する出来事を決定している因果関係とは反対に、後に続く出来事が以前の出来事を決定するように働きかけるときにのみ、真の合目的性が存在する。このような場合は、さしあたりはもっぱら人間の行為についてのみ当てはまる。人間があらかじめ表象した事柄を実行に移すとき、行為についてのこの表象は行動を規定している。後にくる行為が、表象の助けを借りて、それに先行するもの、つまり行為する人間自身を規定する。表象を通るこの廻り道が、合目的的な関連にとっては必要なのである。

原因と結果から生じる経過の中での知覚内容と概念とははっきり区別される必要がある。原因の知覚内容は結果の知覚内容に先行している。原因となる知覚内容とその結果である知覚内容とは、それに対応する概念とあらためて結びつけられることがなければ、私たちの意識の中で互いに無関係に存在しているにすぎない。結果の知覚内容は、原因の知覚内容の後に生じる。その際結果が原因に影響を与えるとすれば、それは概念の働きによらざるを得ない。なぜなら、結果の知覚内容は原因の知覚内容以前にはそもそも存在し得ないのだから。花は根の目的である、つまり花は根に対して影響を持つ、と主張する人は、花を思考することによって得た概念に基づいてのみ、そう主張することができる。花の知覚内容は根が生じた時点ではまだ存在していない。けれどもそこに合目的的な関連を認めようとするならば、後者と前者との理念的、合法則的な関連が必要なだけでなく、結果の概念（法則）が、知覚し得る経過を通して、実際に原因に影響しなければならない。しかし或る概念が眼に見える影響を別の何かに及ぼす場合は、人間の行為の中においてのみ観察することができ、それ故人間の行為の場合にのみ目的概念を適用することができる。知覚内容だけを問題にする素朴な意識は、すでに繰り返して述べてきたように、理念だけしか認識できない場合でさえも、そこに知覚内容を見出そうとする。そのような意識をもった人は知覚できる出来事の中に知覚できる関連を求め、それが認められなければ、その中にそのような関連を夢見ようとする。主観的な行動をする人が主張しているような目的概念は、このような夢見られた関連から取り出されている。素朴な人は、自分がどのようにして出来事を生じさせたのか意識しているという事実から、自然も同じような仕方で意識的に出来事を生じさせるのであろう、と推論する。そのような人は純因果的な自然関連の中に、目に見えぬ力だけでなく、知覚できない現実目的をも見ようとする。人間は道徳を目的に適うように作る。素朴実在論者は同じような仕方で、造物主が生物を創り出したのだろう、と考える。このような間違った目的概念は長い時代を通じて、次第に科学の中から消えていった。しかし今日でもなお、哲学の中ではそれがひどく幅をきかせている。そこでは世界の世界外的な目的が問われ、人間の人間外的な使命または目的が問われる。

一元論はどんな分野でも目的概念を退けるが、人間の行動だけは例外である。一元論は自然の法則を探究し、自然の目的は問わない。自然の目的は知覚できない力と同じように、恣意的な仮定である（一四〇頁以下参照）。しかしまたその生活目的も人間が自分で定めるのでなければ、是認できない。目的が問題になるのは、人間が何かのために自分で作り上げたものだけである。なぜなら理念の実現のためにのみ、合目的的に何かが作られるのであり、しかも実在論的な意味においては、理念は人間の内部においてしか働くことができないのだから。それ故人間の生活においては、人間自身が与えた目的と使命だけがある。人生にはどのような使命があるのかという問いに対して、一元論は、人間が自分で定めた使命だけがある、と答える。社会における私の使命はあらかじめ定められたものでない。その都度私自身がそれを自分のために選択する。私は人に命ぜられた人生行路を歩いていくのではない。

理念は人間によってのみ、合目的的に実現される。したがって歴史が理念を実現する、と語ることは許されない。「歴史は人間の自由へ向けての発展過程である」とか道徳的世界秩序の実現であるとかいう言い方はすべて、一元論の観点から言えば根拠がない。目的概念の信奉者は、目的概念を放棄すれば、世界の一切の秩序や統一性をも同時に放棄せざるを得ないと信じている。例えばロバート・ハーマーリングの『意志の原子論』第二巻二〇一頁には次のように書かれている。「自然の中に衝動が存する限り、自然の中の目的を否定するのは馬鹿げたことだ」。「人体の各部分が宙に浮いた理念によって形成され、条件づけられているのではなく、身体という大きな全体との関連によって形成され、条件づけられているように、どんな自然物も、植物も動物も人間も、宙に浮いた理念によってではなく、合目的的な自然全体の形式原理によって、形成され、条件づけられている」。

さらにその一九一頁には、次のように書かれている。「目的論が主張するのはただ次のことだけなのだ。すなわち、自然の生命には、数多くの不快と苦悩とがあるにも拘らず、高度の合目的性と計画性とが、その形態やその進化の過程の中にはっきりと現れている。けれどもその計画性や合目的性は自然法則に従うことで実現されるものであり、なまけ者の天国を目指すことはできない。したがって死ぬことのない人生や、消滅することのない生成はあり得ない。すべては多かれ少なかれ不愉快で避けられない中間段階を通っている」。「目的概念の敵対者は、世界の合目的的でない部分を、中途半端なものであろうと、完結したものであろうと、想像の産物であろうと、現実にあるものであろうと、それが何であれ、あらゆる種類のものを骨を折って集めてきて、そのゴミの山を、自然のあらゆる領域に見出せるすばらしい合目的的なものと対置している。その様子を見ると、馬鹿げたことをしているものだ、と思わざるを得ない」。

ここでは何を合目的性と呼んでいるのだろうか。知覚内容がひとつの全体と一致していることをそう呼んでいる。とはいえすべての知覚内容の根底には、われわれの思考によって見出される法則（理念）があるので、知覚内容全体における諸部分の合目的的な一致は、この知覚内容全体の内部に含まれた理念全体の諸部分の一致であるとも言える。動物や人間は宙に浮いた理念などによって規定されてはいない、というのは間違った表現である。表現の仕方を次のように正せばおのずとその背理は意味を失う。勿論動物は宙に浮いた理念によって規定されてはいないが、その動物生来の、その合法則的な本性を生じさせている理念によって規定されているのである。その理念は事柄の外ではなく、その内で本質として働いているので、それは合目的的であるとはいえないのだ。目的論者は自然物が外から規定されていると考える。その規定するものが宙に浮いた理念であっても、自然物の外の、造物主の精神内に存在する理念であっても、この点に変わりはないと考える。この考えを否定する人は、自然物が外から合目的的、計画的に規定されているのではなく、因果の法則によって内から規定されていることを認めなければならない。その諸部分を自然によるのではない関連の中にもたらされている機械は、合目的的に作られている。その構造の合目的性は、私が機械の性能を理念として、機械の中に組み入れたことによって生じており、それによって機械は特定の理念を示す知覚対象となったのである。自然物にもそのことが言い得る。自然物をも、それが合法則的につくられている故に合目的的であると考える人は合目的的であると見做すかも知れない。しかしこの合法則性を主観的な人間行為の合目的性と取り違えてはならない。合目的的であると言えるには、そこに原因として働いているものが概念である必要がある。しかも作用している概念である必要がある。しかし自然の中にはどこにもそのような原因となる概念の存在が証明されていない。自然の中での概念は常に原因と結果との理念的な関連として存在しており、自然の中での原因はもっぱら知覚内容として存在している。

二元論は世界と自然をも目的論的に語ることができる。われわれの知覚内容が原因と結果の合法則的な結びつきにおいて現れるとき、それを二元論者は、宇宙の絶対者がその目的を実現したときの絶対者と事物との関係の焼き直しである、と思っている。一元論者にとっては宇宙の体験できない仮定上の絶対者だけでなく、世界目的や自然目的を仮定する根拠もまた存在しないのである。

## ●一九一八年の新版のための補遺

以上に述べたことを偏見を持たずに考えてくれれば、本書の著者が人間以外の事象に目的概念を適用することを拒否してはいても、その著者が人間の行為の外に存する一切における——さらにはその行為そのものにおける——目的概念を否定し、そしてそれらを単なる自然事象にすぎないと考える思想家たちの立場に立っている、とは考えないであろう。このことは本書の中で思考の経過を純精神的なものと述べていることからも明らかな筈である。たとえ本書が人間行為の外にある精神界に目的概念を認めていないとしても、そうする理由は精神界においては人間界に生じる目的よりも高次の働きが現れているからに他ならない。そして人間的な合目的性のモデルに従って考えられた人類の使命の合目的性についても、それが間違った考え方であると述べる理由は、個々の人間が立てた目的の総計から人類全体の働きが生じるのだ、ということを言おうとしている。そのような働きは、結果として、個々の人間の目的よりも高次なものとなるのである。

# 第一二章　道徳的想像力——ダーウィン主義と道徳

自由な精神は自分の衝動に従って行動する。言い換えれば、自分の理念界の全体の中から思考によって直観内容を取り出してくる。不自由な精神は、理念界から特定の直観を選り分け、それを行動の基礎に置くことの理由を、自分に与えられた知覚世界の中に、つまりこれまでの諸体験の中に求め続ける。不自由な精神の持ち主が決断するときには、まず、これまで同じような場合にどのような決断がなされてきたか、どのような決断がすぐれたものと言われてきたか、神はそのような場合に何をお命じになったか等々を想い起こし、それに従って決断しようとする。自由な精神の持ち主は、そのような先例だけを行動の決め手にはしない。そのような人は誰もやったことのないような決断を下す。別な人ならどうしただろうとか、どんな命令を下しただろうとかということを、彼は気にかけない。自分の概念全体の中から特定の概念を選び出して、それを行動に移し換えようとする。純理念的にそうする理由を持っているのである。しかしその行為は眼に見える現実の中で行われ、特定の知覚内容となって現れる。どんな概念も具体的な個々の出来事の中で実現されねばならない。概念は概念である以上、個々の場合をあらかじめ想定することはできない。概念が個別的な知覚内容と関わる仕方は常に、例えばライオンの概念が一頭一頭のライオンに関わるような仕方で生じる。概念と知覚内容の中間項は表象である（一二六頁以下参照）。不自由な精神にとっての中間項ははじめから与えられている。動機がはじめから表象となって意識の中に存在している。そのような精神の持ち主が何かを実行しようとするときには、あたかも自分がそれをすでに知っているかのように、あるいはひとつひとつ自分に命じられているかのように、それを行う。それゆえ権威というものは先例を通して、個々の具体的な行為の繰り返しを求めて、不自由な精神の意識に働きかける。キリスト教徒は、救い主の教えよりも、その行為を手本にして行動する。規則というものは、進んで行動するときよりも、行動をやめさせるときの方がより有効に作用する。律法は行動を禁止するときにのみ、一般的な概念形式をとって現れる。しかし行動を命じるときにはそのような形式をとっては現れない。為すべき事柄についての律法は、不自由な精神には具体的な形式をとって与えられねばならない。「門の前の通りを掃き清めよ」、「特定の額の税金を特定の期日までに税務署へ行って支払え」等々である。行動をやめさせるための規則は、一般的な概念形式をとっている。例えば「盗むなかれ」、「姦淫の罪を犯すなかれ」等である。しかしこれらの掟は、不自由な精神の持ち主に対しては、具体的な表象を伴う場合にのみ、有効な働きを及ぼす。例えばそれを犯したときの受刑期間や良心の苦悩や永遠の劫罰などの表象を伴う場合である。

例えば「隣人に善をなせ」とか「幸福な生き方をせよ」のように、行動への要求が一般的な概念形式をとって存在するときには、個々の場合の行動のための特定の具体的な表象(つまり概念と知覚内容との関係)を自分で見出さなければならない。何の手本も必要としない自由な精神は刑罰をも恐れることなく、概念を表象に置き換える作業を続ける。

人間は具体的な表象を想像力(ファンタジー)を通して、理念全体の中から作り出す。だから自由な精神にとって、自分の理念を具体化するためには、道徳的想像力が必要なのである。道徳的想像力こそ、自由な精神にふさわしい行動の源泉である。したがって道徳的想像力を持った人だけが道徳的に生産的であると言える。道徳を説教するだけの人、道徳規則をくどくどと述べるばかりで、それを具体的な表象内容にまで濃縮できない人は、道徳的に非生産的である。そのような人は、芸術作品がどのように作られねばならないかを巧みに説明はできても、自分では何も生み出すことのできない批評家に似ている。

道徳的想像力が自分の表象内容を具体化するためには、特定の知覚内容の中に働きかけていかなければならない。人間の行為は知覚内容を作り出すのではなく、すでに存在している知覚内容に手を加えて、それに新しい形態を与える。道徳的な表象内容に従って知覚対象を作り変えることができるためには、この知覚対象の合法則的な内容(人が新たな形に作り変えたり、新たな方向づけを与えたりしようとするときの知覚対象の在り方）をあらかじめ理解していなければならない。さらにまた、これまでの合法則性を新しい合法則性に変化させる方法を見出さねばならない。このような意味で道徳的に行為するためには、現象世界のことをよく知っていなければならない。したがって道徳行為は科学的認識を通してその実現の道を探求しなければならない。道徳上の理念能力や道徳的想像力と並んで、自然法則に背かずに知覚世界を作り変える能力も必要になる。[註] この能力が道徳技法である。これは科学が学習できるのと同じ意味で、学習できる。つまり人間は一般に既存の現実についての概念を見出すことに慣れており、まだ存在していない未来のために想像力を働かせて生産的に行動することを苦手としている。だから道徳的想像力のない人が道徳的表象内容を他の人から受け取って、これを巧みに現実に適用する場合もあるし、また逆に道徳的想像力を持った人が技法上の巧みさを持たず、自分の表象を実現するために他の人に頼らざるを得ない場合もある。

**註**　本書で「能力」という言葉を用いる場合、昔の心理学が用いた「魂の能力」という概念に立ち戻っているという印象を与えるかも知れない。しかし一一四頁以下に述べたことに関連づけて考えれば、この言葉の意味が正しく理解できるであろう。

道徳的に行動するためには、行動範囲の諸事情をよく知っていなければならないが、特によく知っておく必要があるのは、自然の法則である。必要なのは自然科学の知識であって、倫理学の知識ではない。

道徳的想像力と道徳的理念能力とは、それらが個人によって生み出された後にならなければ、知識の対象にはなり得ない。しかしそうなった後では、もはや生活を規定しない。すでにそれを規定している。それらは他の一切の諸原因と同じような作用する原因として理解されねばならない。（それらの原因を目的として捉えるのは、もっぱら主観だけである。）われわれは道徳的表象内容の自然学を問題にしているのである。

その場合規範の学としての倫理学は存在し得ない。

倫理学を栄養学の意味で理解し、道徳法則の規範的性格をその意味で説明しようとする学者もいる。つまり栄養学のように、生体の生活条件から一般規則を引き出し、それを基礎にして身体への働きかけを行おうとする（パウルセン『倫理学体系』）。しかし倫理学を栄養学と比較するのは間違っている。なぜならわれわれの道徳生活は生体のいとなみと比較できるようなものではないからである。生体の働きはわれわれの干渉なしにも存在する。生体の法則はすでに出来上がったものとして働いている。だからそれを見つけ出して利用するだけでよい。けれども道徳の法則はまずわれわれがそれを作り出さねばならない。それが作り出される以前には、それを通用させられない。この点で誤解が生じるのは、道徳法則の場合にその都度新たな内容が作り出されるのではなく、受け継がれてもいくからである。祖先から受け継がれてきたものは、生体の自然法則と同じように、あらかじめ与えられているかのように見える。けれどもそれは決して栄養上の規則と同じような仕方で、先祖から子孫へと伝えられるのではない。なぜならそれは個々の人間に関わっていくものであって、種族全体の規範として自然法則のように働くのではないからである。生体としての私であれば、そのような種族の一例なのだから、種族の自然法則が適用されるとき、私という生体は自然に適った生活をするであろう。しかし道徳的存在としての私は個体であり、私固有の法則に従っているのである。[註]

**註**　パウルセン（上掲書一五頁）は述べている。「異なる自然存在は異なる生活条件に応じて、異なる身体上並びに精神＝道徳上の養分を必要としている」。ここでの彼は正しい認識のすぐそばまで来ているのに、決定的な点にまでは達していない。私は個体である限り、そのような養分などを必要としてはいない。養生法は個を類の一般法則に合致させるための技術である。しかし個人としての私は類の一例ではない。

以上に述べた論点が進化論という近代科学の基礎理論と矛盾しているように見えるとすれば、そう見えるだけにすぎない。進化とは自然法則に従って、後のものが前のものから現実に生じてきたことを意味する。有機的世界における進化とは、後の（より完全な）有機形態が以前の（より不完全な）形態の現実上の子孫であり、そしてそれが自然法則に従った仕方で以前のものから生じてきたことを意味する。有機体の進化論を信奉する人は次のような考え方をしなければならない筈である。すなわち誰か永遠の生命をもった人がいるとして、その人が地球の観察を続けることができたとすれば、原羊膜動物から爬虫類が次第に生じてくる過程を眼で辿ることができたであろう、それどころか無限の時間を宇宙のエーテル空間内で過ごしながら、カント＝ラプラス理論の教えるように、原渦巻から太陽系が生じてくるさまを観察できたはずだ、と。このような考え方をする場合、原羊膜動物の本質もカント＝ラプラス理論のいう宇宙の霧の本質も唯物論者たちが考えるのとは違った仕方で考えねばならないのだが、それについては、ここでは問題にしないでおく。けれどもどんな進化論者にも許されないのは、原羊膜動物の概念から爬虫類の概念を——たとえ爬虫類を一度も見たことがなくても、その一切の特徴をも含めて——取り出すことができると主張することである。同様にカント＝ラプラス理論のいう根源的な宇宙の霧の概念から太陽系を導き出すことも許されない。宇宙の霧という概念は宇宙の霧という知覚内容だけに直接結びついている。別な言葉で言えば、進化論者は、首尾一貫して考えるならば、以前の進化段階から後の進化段階が現実に生じてくること、不完全なものの概念と、完全なものの概念とを提示して、その相互関連が洞察できるということ、そういうことを主張しなければならなくなる。けれども以前のものから得た概念の中から後のものの内容をも引き出せるとは、決して主張できないのである。このことから、倫理学者に対しても、後の道徳概念と以前の道徳概念との関連を洞察することはできるが、しかしどんな新しい道徳理念をも以前の道徳理念から引き出すことはできない、と言うことができる。道徳存在としての個体が道徳内容を作り出す。倫理学者にとってこの作り出された新しい道徳理念の内容は、ちょうど博物学者にとって爬虫類があらかじめ与えられたものであるのと同じように、あらかじめ与えられている。爬虫類は原羊膜動物から生じた。しかし博物学者は原羊膜動物の概念から爬虫類の概念を取り出すことはできない。後の道徳理念は以前の道徳理念から発展する。しかし倫理学者は以前の文化期の道徳概念から後の文化期の道徳概念を取り出してくることはできない。両者の相違は、博物学者が諸事実をあらかじめ眼前に持っており、後になってそれを認識の対象とするのに対して、一方道徳行為の場合には、われわれがまず諸事実を創造し、それを後から認識するという点にある。道徳的宇宙秩序の発展過程にあっては、自然がより低次の段階で実行していることをわれわれ自身が実行する。すなわちわれわれが知覚内容に変化を加える。このように倫理的な規範は、自然法則のようにまず認識されるのではなく、まず創造されなければならない。それは存在したときはじめて認識の対象となることができる。

しかし一体、古いものを基準にして新しいものが計れないのか。道徳的想像力が生み出したものを伝統的な道徳観で計ること、それがすべての人に求められているのではないのか。このような疑問は道徳的に生産的であろうとする場合、まったくのナンセンスである。それは新しい生物を古い生物を基準にして計り、爬虫類が原羊膜動物と一致していないから、不正な、つまり病的な生物であるというのに似ている。

このように、倫理的個体主義は正しく理解された進化論に対立するものではない。原始動物から生物としての人間存在に到るまでのヘッケルの系統図は、自然法則を否定することなく統一的な発展のあとを辿り、そして道徳的本性をもった個体としての人間存在にまで到る。われわれはこのような系譜を一貫して辿ることができるけれども、祖先の種の本質から子孫の種の本質を引き出すことはどんな場合にも決してできないであろう。或る個人の道徳理念がその祖先の道徳理念から生じたものであることが明らかであるとしても、個人が自ら固有の道徳理念を持たない限り、その人は道徳的に不毛な存在でしかない。

以上の観点に立てば、倫理的個体主義を進化論からも説明することができよう。進化論にとっても倫理的個体主義にとっても、最終的な認識は同じものになるであろう。ただそこに到る道筋が異なるにすぎない。

まったく新しい道徳理念が道徳的想像力によって生み出されるということは、進化論からいえば、新しい動物の種が他の種から生じることと同様、何ら不思議なことではない。進化論という一元論的な世界観に立っていえば、道徳生活においても、自然生活においても、単なる推測だけの、つまり理念体験をもたない、彼岸の（形而上的な）影響について語ることには否定的にならざるを得ない。進化論は、新しい有機体形成の原因を探求する際に、それを世界外的な存在の干渉のせいにはしない。言い換えれば、超自然的な影響による創造行為によって、新しい種が生み出されるという考えを排除する。一元論は生物を研究する際に、超自然的な天地創造の思想を必要としていない。同じ意味で一元論は道徳的世界秩序を、体験できないような原因から説明しようとはしない。一元論は道徳意志の本質を説明するに際して、道徳生活に対する超自然からの持続的な影響（外からの神の世界統治）に帰せしめたり、あるいはモーゼの十戒のような歴史上の特定の時点での啓示や地上における神の出現（キリスト）に帰せしめたりすることで満足することはできない。これらすべての事柄が道徳となり得るのは、それが各人の体験を通して、各人に固有のものとなるときに限られる。一元論にとって、道徳の過程は、他の諸事物と同じように、世界の産物である。そしてそれらすべての原因も世界の中に、とはいえ人間こそが道徳性の担い手なのだから、人間の中に求められねばならない。

このように倫理的個体主義は、ダーウィンとヘッケルが自然科学のために構築した大建造物の最上層に位置している。それは精神化されて、道徳生活上に移し換えられた進化論である。

自然的という概念をはじめから偏見をもって勝手に限られた領域内に閉じこめてしまう

人は、個人の自由な行為が存在する余地をその中に見出せないでいる。首尾一貫した進化論者はそのような偏見に陥ることがない。自然的な進化を猿の段階に留めたりはしないし、人間のために「超自然的」な起源を認めたりもしない。そして人間の自然的な先祖を求め、そして自然そのものの中に精神を求めるに違いない。彼はまた、人間の生命活動の段階に立ち止まったり、それだけを自然的だと思ったりはせず、道徳的に自由な生活をも有機的自然の精神的継続と見做すに違いない。

進化論はその基本見解に従って、現在の道徳行為も世界事象の一つであり、別種の世界事象から進化したのだと主張する。進化論者は人間の行為の特徴である自由がどこにあるかを行為の直接観察を通して見出そうとする。人間はまだ人間になる前の祖先から進化してきたのである。人間がどのような存在であるかは、人間自身を観察することの中で明確にされねばならない。この観察が正しくなされるなら、それが進化の歴史と矛盾することはあり得ない。その観察が自然的世界秩序を排除するようなものであるなら、その主張は自然科学の新しい方向と一致しないであろう[註]。

**註**　われわれは思考内容（例えば倫理的理念）を観察の対象とすることができるのである。思考を働かせている最中にはその思考が観察分野に入ってこないとしても、その思考内容も後からなら観察対象になり得るからである。われわれもそのような仕方で、行為の性格づけを行うことができたのである。

倫理的個体主義は、どんなに自然科学の主張が自明のように思えても、それに左右されることはない。人間行為の完全な形式の特徴は自由である、と観察が教えているからである。人間意志が純理念的な直観をもつことができる限り、この人間意志は自由と見做されねばならない。なぜならこの直観は、外から必然的な仕方で働きかけてくる結果としてあるのではなく、外からの働きを何も必要としてはいないからである。行為がこのような理念的直観の表現となっていると思えたとき、人間はその行為を自由であると感じる。行為をこのように特徴づけることの中に、自由がある。

二つの命題、「自由とは欲することが行えるということだ」と「好き勝手に望んだり望まなかったりすることができることが自由意志の教義の本来の意味である」との(三三頁と二七頁で述べた)相違は、以上の観点から言って、どう考えたらよいだろうか。――ハーマリングは前の命題を正しいとし、後の命題を不合理な同義反復であると述べた。彼は自由意志についての考えを、次のように述べている。私は欲する事柄を行うことができる。しかし、私は欲する事柄を欲することができる、という言い方は空虚な同義反復にすぎない、と。――私が欲する事柄、つまり行為の理念としてあらかじめ抱いている事柄を私が行えるかどうか、つまり現実の中に置き換えられるかどうかは、外的な事情や私の技法

(二一六頁以下参照)に依存している。自由であるということは、行為の根底にある表象内容(動機)を道徳的想像力によって自分から決定できるということである。機械的な過程や世界外にいます神の啓示のような、私以外の何物かが私の道徳表象を決定するのだとすれば、自由などあり得ない。したがって私自身が表象内容を生み出すときが自由なのであって、他の存在が私の中に植えこんだ動機を私が行動に移せるとしても、それで自由になるのではない。自由な存在とは、自分が正しいと見做すことを欲することのできる存在である。自分が欲することではない何かをする人は、自分の中にないような動機に従って行動に駆り立てられている。そのような行動には自由がない。だから、正しいと思えたり思えなかったりすることを好き勝手に欲することができるということは、好き勝手に、自由であったり自由でなかったりできるということである。このことは勿論不合理である。欲しなければならぬことを行うことのできる能力が自由である、と言うようなものだからである。けれどもハーマリングの以下の文章はこのことを主張している。「意志が常に動機によって規定されているということは完全に正しい。しかし、だからこそ意志が不自由であるというのは馬鹿げている。なぜなら彼自身の強さや決断力の及ぶ範囲で実現される自由よりも、もっと大きな自由などは、意志にとって望むことも考えることもできないからである」。——そんなことはない。もっと大きな自由を望むことができる。そしてそのような自由こそが本当の自由なのである。すなわち意志の根拠を自分自身で決定するという自由こそがである。

時折、自分の欲する事柄を実行することから眼をそらせるような態度をとる人がいる。自分が行うべき事柄を誰かに決めてもらう、言い換えれば、自分でない誰かが正しいと思ったことを欲する。そのようなことが行えるのは、人が自分を自由でないと感じているときだけである。

自分が行いたいことを外的な力が私に行わせないこともあろう。そのようなときその力は私に何かをさせなくしてしまったり、不自由な状態においたりする。その力が私の精神を隷属させ、私の動機を私の頭から追い出し、その代わりにその力の動機を私の頭に植えつけようとする。そのような力は私を不自由にしようとしている。教会は行為だけでなく、特に不純な思考内容を、言い換えれば、私の行動の動機を問題にする。教会が与えたのではない動機がすべて教会にとって不純であると思われるとき、その教会は私を不自由にする。教会その他の共同体は、その祭司または教師が良心の命令を代行するとき、言い換えれば信者が彼らから（ざんげの席で）行動の動機を受け取らなければならないとき、不自由を作り出している。

## ●一九一八年の新版のための補遺

人間意志についての以上の論述の中で述べられているのは、人間が自分の行動の中で何を体験できるのか、そしてどうすればこの体験によって、私の意志は自由だという意識に到ることができるのか、ということである。意志が自由であることの正しさは、意志の中に理念的直観が生きているという体験によって裏づけられる。このことが特に重要である。この体験はもっぱら観察によって得られる。人間の意志を一つの進化の流れの中で観察するとき、その進化の目標は純理念的な直観によって担われた意志の可能性を実現することにある。この可能性は実現できる筈である。なぜなら理念的な直観の中には、自分自身に基づく固有の本性が働いているのだから。この直観が人間の意識の中に存在しているときにも、それは生体の働きの中から作り出されたものではない（一六六頁以下参照）。むしろ生体活動は理念に席をもうけるために、背後へ退いている。私が意志を直観の模像として観察するとき、生体に必要な活動はこの意志活動から身を引いている。意志は自由である。この意志の自由を観察することのできる人は、同時に、人間の生体に必要な働きが直観の要素によって弱められ、背後に追いやられ、そしてその代わりに理念を受けた意志の精神的な活動が主役を演じるということの中に、自由な意志の存在が示されているということを認めるであろう。自由な意志のこの二重性が観察できない限り、どんな意志も不自由であると思える。しかしこの観察ができれば、人間が不自由なのは生体活動の抑制を最後まで徹底できなかったからだ、という認識をもつことができよう。そして同時に、そのような不自由な状態が自由を望んでいること、この自由が決して抽象的な理想ではなく、人間の本性の中に存する導きの力であることをも認めるであろう。人間が自由であるのは、自分の意志の中に純理念的(精神的)な直観が働いている時の魂の気分を体験している時なのである。

# 第一三章　人生の価値——楽観主義と悲観主義

人生の目的や使命の問題（二〇五頁以下参照）の対をなすのは、人生の価値の問題である。この点については二つの対立的な立場がある。そしてその二つの間には、考え得る限りのさまざまな仲介の試みがある。

一方の立場は語る。——「世界は存在し得る最上のものであり、この世界での生活や行動は計り難い程の価値を持つ。すべては驚嘆に値する程に調和した合目的的な共同作業を示している。見たところ悪や不幸のようなものでも、高次の観点からすれば善であると認められる。なぜならそれは善を引き立たせるために反対を表しているのだから。善を正しく評価できるのは、それが悪を克服したときである。不幸もまた本当に現実的なものではない。私たちは幸福のより少ない状態を不幸であると感じる。不幸は善の不在であり、それ自身で意味を持つものなのではない」。

他方の立場は次のように主張する。——「人生は苦悩と不幸に満ちており、不快がいたるところで快を圧倒し、苦しみが喜びを圧倒している。生きることは重荷を背負うことである。どんな場合でも、存在しないことの方が存在することよりも好ましい」。

前者、つまり楽観主義の代表者としては、シャフツベリとライプニッツ、後者、つまり悲観主義の代表者としては、ショーペンハウアーとエドゥアルト・フォン・ハルトマンがあげられる。

ライプニッツは世界を存在し得る最善のものであると考えている。もっと良い世界などあり得ない。なぜなら神は善良であり、賢明なのだから。善なる神は世界を最も良いものに創り上げようと欲している。賢明なる神は最も良い世界を知っている。その神が世界を他の一切のより劣った世界と混同することはない。悪い神や愚かな神だけが、ありうべき最高の世界よりも劣った世界を創造する。

この観点から出発する人は、世界のために最も役立つようになるには、どうすればよいかを示すことができよう。人間は神意を受け、それに従って行動しようとだけしなければならない。神が世界と人類とから何を期待しているのかを知るとき、人は正しい行いができるであろう。そして他人の行った善に自分の善を付け加えることを幸せと感じるであろう。したがって楽観主義の立場からいえば、人生は生きるに価する。人生は共に働く喜びを教えてくれるに違いない。

ショーペンハウアーは問題の本質を別な眼で見ている。彼は宇宙に根拠を与える存在

（神）を全能で最高善の存在ではなく、盲目的な意志と衝動である、と考えている。決して充たされることのない満足を求めて永遠に努力することが、すべての意志の基本である。なぜならある努力目標が達成されると、新しい要求がすぐにまた現れてくるからである。満足はいつでも僅かな間しか続かない。私たちの人生のほとんどすべての内容は充たされぬ思いであり、不満足であり、苦悩である。盲目的な衝動が最終的に消えるとき、一切の生活内容も失われ、人生は無限の退屈さに落ち込む。それゆえ比較的な意味で最善なのは、自分の中の願望や要求を押し殺し、意志を殺害することである。ショーペンハウアーの悲観主義の帰結は何もしないことであり、その道徳目標は普遍的怠惰である。

ハルトマンは悲観主義を本質的に別な仕方で基礎づけ、それを彼の倫理学に適用している。ハルトマンは時代の流行に従い、自分の世界観を経験の上に基礎づけ、人生の観察を通して、この世の快と不快のどちらが優勢であるかを決めようとする。人間にとって善であり、幸福であると思えるものを理性の前に整列させる。そして厳密に観察の眼を向ければ、満足の対象と思われているものがすべて幻想にすぎないことを、彼は示そうとする。私たちの健康、青春、自由、豊かさ、愛、性的満足、同情、友情、家庭生活、名誉心、名誉、名声、権力、信仰心、学問と芸術への衝動、あの世への期待、文明の進歩――これらすべての幸福と満足の源泉のどれかを誰かが持っていると信じたとしたら、それは幻想である。冷静な眼で見れば、どんな種類の享受も快というよりも、むしろ不幸や禍を世の中に持ち込む。二日酔いの不快感は常に酩酊の快感よりも大きい。不快がこの世では優勢を占めている。たとえ最も幸せであるかのように思える人間も、聞いてみると、もう一度同じ人生を繰り返したいとは思っていない。しかしハルトマンは、この世における理念（叡知）の存在を否定してはいない。盲目的衝動（意志）と並ぶ同等の権利をそれに与えており、この世の苦悩を賢明な世界目的に合致させることで、天地創造に意味づけを与えようとしている。しかし宇宙を生きる存在の苦悩は、神の苦悩そのものでしかあり得ない。なぜなら世界（宇宙）生命の全体は神の生命と同一だからである。けれども全智全能の存在は、苦悩からの解脱の中にのみ、自分の目標を見出すことができる。そしてすべての存在は苦悩なのだから生存からの解脱の中にのみ、その目標を見出すことができる。存在をそれよりはるかに優れた非存在の中に移すことが、宇宙創造の目的である。宇宙の活動は神の苦絶との終わりなき戦いであり、その終局はすべての生存の絶滅である。人間道徳の意味は、それ故、生存の絶滅への過程に関わることである。神が宇宙を創造したのは、その宇宙を通して自分の無限苦から解放されんがためである。宇宙とは「いわば絶対者におけるかゆみのあるできもののようなもの」である。このできものによって、絶対者の無意識的治癒力がその内的疾患から解放される。「またはそれは痛みの伴う膏薬のようなものであり、全にして一なる存在が自分自身にこの膏薬を貼り、内的苦悩をまず外へ向け、そして排除できるようにする。人間は宇宙の分肢であり、人間の中で神が苦悩している。神が宇宙を創造するのは、自分の限りない苦悩を発散させるためであり、われわれひとりひとりの苦悩は神の永遠の苦悩の海のひとしずくにすぎない（ハルトマン『道徳意識の現象学』八六六頁以下）。

人間は認識の力を用いて、個人的満足の追求（エゴイズム）が愚かな行為であることを明らかにすると共に、宇宙の活動への没我的帰依を通して、神の救済のために働くという使命に従わねばならない。ショーペンハウアーとは反対に、ハルトマンの悲観主義は崇高な使命に対する帰依の態度へわれわれを導く。

けれどもこのことは経験の上に基礎をおいた主張だと言えるのか。

満足への努力は、生きるために生活内容を広く手に入れようとすることである。空腹のときには満腹を求めるが、それは生体の機能が養分という新しい生活内容を取り込もうとすることである。名誉への努力は外から認めてもらえた自分の個人的な行動に価値をおこうとし、認識への努力は見たり聞いたりできる世界の中に自分の理解し得ない何かが存在するときに生じる。そのような努力が充たされたときには快感が、充たされぬときには不快感が生じる。その際注意する必要があるのは、快感や不快感は努力の成功、不成功に左右される、ということである。努力そのものは決して不快感としては感じられない。それ故、努力の結果うまくいったときには、すぐにまた新しく努力しようとする。そしてその努力をどんなに繰り返しても、快感が不快感に変わることはない。一度味わった楽しみは何度でもその楽しみを繰り返したり、新たな快感を求めたりするのである。欲求が充たされないとき、はじめて不快感が生じる。一度体験された楽しみよりももっと大きな、またはもっと洗練された快感をさらに求めても、それを手に入れる手段が見出せないときには、快感から不快感が生じる場合もでてくる。楽しみの結果、自然に不快感が生じるときもある。例えば女性が性的な享受の後で、陣痛の苦しみや子育ての大変さを体験させられるときには、享受が苦悩を作り出したということができる。努力が不快感を呼び起こすのだとすれば、努力しなければ快感が生じるだろうと思う人もいるかも知れないが、実際はその反対である。われわれの生活内容のための努力の欠如は退屈を生み出す。そして、退屈は不快感と結びつく。けれども当然のことながら、努力が目標に到るまでには、また目標へ到る希望が生じるまでには長い時間を要することがあるので、不快と努力そのものとはまったく無関係である。目標に到り得ないことが不快感と結びつくだけである。したがって欲求または努力（意志）そのものが苦悩の源泉だと考えるショーペンハウアーは、いずれにせよ間違っている。

本当は、反対の方が正しいとさえ言い得る。努力（欲求）そのものが喜びを作るのである。まだ遠くにあっても、待ち望まれる目標への期待が与える喜びを知らない人がいようか。この喜びは、いつか叶えられるべき成功へ向けての労働の随伴者である。この快感は目標の達成にまったく依存していない。目標に到達したときには、努力することの快感に実現したことの快感がさらに新たに付け加わる。けれども、充たされぬ目標による不快感に加えて、なお幻滅の悲哀が付け加わり、最後には充たされぬ不快感の方が実現したときの満足感よりも大きいものになる、と言う人がいるとしたら、それに対しては次のように答えることができよう。逆の場合もあり得る。まだ欲求が充たされない時期のことを楽しく思い返せば、それが実現しなかったことの不快感を和らげてくれることもある。期待が裏切られた瞬間でも、「私は自分のやりたいことをやった」と言える人は、この主張の正しさを認めるだろう。力の限りにベストを尽くしたときの浄福な感情を無視できるのは、欲求が充たされなかったために、満足感だけでなく、欲求したことの喜びも損なわれてしまった、と主張する人だけである。

欲求が充たされれば確かに快感が呼び起こされるし、充たされないときには不快感が生じる。けれどもそのことから、快感は欲求の充足であり、不快感はその反対である、と結論づけることは許されない。快感や不快感は、欲求の結果が現れていないときにも生じ得る。病気は欲求の結果とは関係のない不快感を生じさせる。病気は健康への充たされぬ欲求であると主張しようとする人は過ちを犯している。その人は病気になりたくないという、意識化される必要のないあたりまえの願いを、積極的な欲望と見做している。自分の知らない金持ちの親戚から突然遺産を受け取った人がいるとすれば、それはあらかじめ欲求することなしに快感を与えてくれる場合であると言えよう。

快感と不快感のどちらが強いかを比較対照する人は、三つの快感を区別しなければならない。欲求に際しての快感と、欲求が充たされたときの快感と、欲求することなく与えられる快感とである。そして帳簿の反対側に、退屈に際しての不快感と、充たされぬ努力から生じる不快感と、そして最後にわれわれが望まないのにやってくる不快感とを取り上げなければならない。自分で選んだのではなく、向うからやってきた仕事が原因で生じた不快感も、この最後の種類に含まれる。そこで次のような問いが生じる。このような感情の貸借関係の帳尻を合わせるための正しい手段は何か。エドゥアルト・フォン・ハルトマンはそれを理性的考量であると考えている。彼は『無意識の哲学』第七版の第二巻の二九〇頁で次のように述べている。「苦と快とは、それらが感じられる限りにおいてのみ存在する」。この点を推し進めれば、快にとっては感情の主観的な尺度しか存在しないことになる。私の不快感と快感との総計が喜びの方に黒字を残すか、それとも苦しみの方に黒字を残すかを、私は感じ取らねばならないというのである。ところが自分で記したこの一節を無視して、ハルトマンは次のように主張する。「或る人の生きがいがその人自身の主観的な尺度によってしか確かめられないとしても、……そのことは、各人が自分の人生の感情全体によって正しい人生の計算ができるとか、あるいは別の言葉で言えば、自分の人生についての判断全体が自分の主観的な体験に依存しているとかと言うことを意味しない」。けれどもこう述べることで、再び彼は理性的な評価を感情の価値基準にしている。[註]

**註**　快感の全体と不快感の全体のどちらが優勢であるかを計算しようとする人は、決して体験され得ない何かの計算をしようとしていることに気づいていない。感情は計算などしたりはしない。そして人生の評価にとって本当に大切なのは体験であって、空想された計算の結果ではない。

エドゥアルト・フォン・ハルトマンの考え方に多かれ少なかれ同調しようとする人は、人生を正しく評価するには、快感と不快感の帳尻合わせを誤らせるような要因をすべて排除しなければならない、と信じるであろう。その人は二つの仕方でこのことを行おうとする。第一にわれわれの欲求（衝動や意志）が感情価値の冷静な評価に妨害を加える要因であると考えることによってである。例えば性欲を楽しみたいという欲求がその際の妨害の元であるということになる。性欲がわれわれの中で強力に働いているために、全然存在していないような快感を幻出させている、というのである。われわれは楽しみたいと望む。だから楽しむときには悩みを告白したがらないのである。第二に感情を批判し、感情の対象が理性認識の前では幻想にすぎないことを明らかにすることによってである。そして知性の発達がその幻想を見破るところにまで達した瞬間に、その幻想は消えてしまう、ということを証明しようとする。

その人はこの問題を次のように考えなければならない。自分の人生の中で優位を占めているのが快感なのか不快感なのかを明らかにしようとする人が見えっ張りであるとしたら、その人は、二つの誤謬から離れていなければならない筈である。その人は見えっ張りなのだから、見えっ張りであるという性格上の特徴によって、自分の業績を拡大レンズで眺めたときに喜びを味わい、自分の失敗は縮小レンズで眺めながら、自分の失敗を無視しようとする。想い出の中でも、その失敗は穏やかな光の中で現れる。一方彼にとって歓迎すべき社会的な成功の喜びはますます深く心に染み込む。このような事情は見えっ張りにとってはまことに好ましいと言えよう。幻想は自己観察がなされるときに、彼の不快感を弱めている。とはいえ彼の評価は間違ったものである。彼がヴェールで覆っている苦悩を、彼はありのままに体験しなければならなかった筈である。しかし彼は人生の帳簿の中に、その悩みを間違った仕方で記入している。正しく判断するようになるためには、自分を観察するときに、見えっ張りであることをやめなければならない。精神の眼にレンズをつけずに、これまでの人生を考察しなければならない。そうでなければ、帳簿の帳尻を合わせるために、商売熱心なあまり収入欄に事実以上の金額を書き記す商人と同じことになってしまう。

けれどももっと先に進むことができる。その見えっ張りは、彼が求める社会的成功が無意味なものであることを洞察するようになる。彼は自分でそのような洞察に達するか、あるいは他人によってそう納得させられるかする。そして他人に認められることなど、理性的な人間にとって何の意味もないこと、「進化という人生の課題に関わるような、あるいはまた科学によって未解決のようなすべての事柄においては」、「多数派が間違っており、少数派が正しい」ということを考えるようになるであろう。「見えを導きの星としている人は人生の幸せをこのような判断の手に委ねる」(『無意識の哲学』第二巻三三二頁)。見えっ張りがこのように語るとき、彼が見えを張って現実であるかのように思い込んできた事柄を、したがってまた虚栄が生み出す幻影と結びついた感情を、すべて架空のものと認めなければならない。この理由から、さらに次のように言うことができよう。幻想から生じた快の感情は、人生の価値の帳簿から消し去らねばならない。そうして残されたものが、幻想にとらわれぬ人生の快感の総計となる。そしてこの総計は不快感の総計に較べると、あまりにも小さい。人生は決して楽しいものではない。存在しないことの方が存在することよりも優れている。

確かに虚栄心が入り込むことによって、快感の帳尻はごまかされたり、間違った結果を生み出したりする。しかし快感の対象が幻想であるかどうかは、そう簡単には断定できない。幻想と結びついた快の感情をすべて人生の快感側の帳尻から消し去ろうとすることこそ、人生の帳尻をまさにごまかすことになってしまうであろう。なぜなら見えっ張りにとって、大勢の人から認められることは本当の喜びなのである。その人自身かまたは別の誰かが後になって、この評価は本当のものでなかった、と思い知ったとしても、喜びに変りはない。一度体験できた喜びの感情は、そんなことで弱められたりはしない。そのような「錯覚した」感情を人生の帳尻から消し去ることは、感情について正しく判断することには決してならない。むしろ実際に存在する感情を人生から消し去ることになる。

一体どうしてそれを消し去る必要があるのか。このような感情もその持ち主に快感を提供してくれる。その感情を克服した人の場合にも、克服したという体験によって（「自分は何という優れた人物なのか！」という自己満足的な感情ばかりではなく、克服したことの中にある客観的な快感の源泉によって）当然精神化されてはいるが、同じように大きな快感が生じる。或る感情が幻想でしかないような対象と結びついているからといって、その感情を快感の側の帳尻から消し去る場合には、人生の価値を快感の量にではなく、快感の質に、そしてその快感の質を快感の原因となる事柄の価値に依存させることになる。しかし自分に与えられた人生の価値を快、不快の量から決めようとする場合、感情以外のところに快の価値の尺度を見出そうとすることは許されない。快の量と不快の量を比較して、そのどちらが大きいかを知ろうとする場合、どんな快、不快であっても、その実際の大きさだけが問題になる。それが幻想によるものかどうかはまったくどうでもよい。幻想や錯覚に基づく快感が理性の承認を得た快感に較べて、生きる上で僅かな価値しか持っていない、と考える人は、人生の価値を感情とは別の要因に帰していることになる。

快感が虚栄心と結びついているからといって、それに僅かな価値しか与えようとしない人は、おもちゃ工場がもたらす収益は、それが子どものいたずら用に作られた商品によって得ているからという理由で、その総計を例えば四分の一に減らそうとする商人のようなものである。

快と不快の量の比較だけを問題にするときには、快の感情を生ぜしめる対象が錯覚だったかどうかを考慮に入れる必要はまったくない。

ハルトマンが人生における快、不快の量を理性的に比較考量することを勧めているので、われわれはその方向に沿って、これまで帳簿の片方に何を記入し、もう一方に何を記入したらいいかについて考えてきた。それでは一体、計算はどのようにされるべきなのか。一体理性はその帳尻を合わせるのにふさわしい能力を持っているのだろうか。

商人の場合、計算上の収益が実際に取り引きされる商品の売り上げと完全に対応していないときには、間違った計算をしたことになる。哲学者が頭だけで計算した快もしくは不快の余剰を感情が追認できないとしたら、その哲学者は明らかに間違った計算をしたことになる。

私は理性的な世界考察に基づく悲観論者の計算を監査するつもりではない。しかしこの計算に基づいて、人生という商売をさらに続けるべきか否かを決めようとする人は、計算上余剰が不快の方にある、と主張する哲学者の計算が合っているかどうかをまず確かめてみる必要がある。

ここでわれわれは余剰が快にあるか不快にあるかを理性だけに決めさせることのできない地点にまで達した。理性はこれから先、人生におけるこの余剰を知覚内容として示さねばならない。概念によるだけではなく、思考を仲介した概念と知覚内容との相互作用によってこそ（そして感情も知覚内容である）人間は現実を把握できるのである（二〇六頁以下参照）。商人が商売をやめようとするのは、経理担当者が計算した取り引き上の損失が事実によって確かめられたときである。それが確かめられなければ、商人は計算をやり直させるであろう。これとまったく同じ仕方で、人生のためにも計算することができる。哲学者が誰かに不快は快よりも大きい、と説明しようとするにも拘らず、言われた方がそのことを実感できないときには、その人は言うであろう。「君の考えは間違っている。問題をもう一度よく考え直してみたまえ」。しかし商売が特定の時点で本当に損害を蒙り、債権者を納得させるだけの信用をもはやどこにも見出せなくなるならばたとえ商人が帳簿の上で経営状況をはっきりとさせることを避けたとしても、破産してしまう。同様に或る人の不快の量が特定の時点で非常に大きくなり、将来の快への期待（信用）が彼の苦痛を納得させることがもはやできなくなれば、人生という商売も破産に追い込まれるであろう。

けれども、自殺者の数は元気に生き続ける人の数よりも比較的少ない。ごく限られた人たちだけが眼の前の不快のために人生の商売を閉じる。そこから一体、何が結論づけられるのか。不快の量が快の量よりも大きいという考えが正しくないという結論か、それとも私たちが生きていくことは快、不快の量にはまったく左右されないという事実かのいずれかである。

エドゥアルト・フォン・ハルトマンの悲観主義はまったく独特な仕方で、人生は無価値であると明言している。そしてその理由は人生では苦しみの方が楽しみよりも勝っているからなのである。けれどもこの悲観主義はまた、人生を生き抜くことの必要性をも主張する。なぜその必要性があるのかといえば、上述したように（二三一頁以下参照）世界目的は、人間が休みなく、ひたすら働くことによってのみ達成され得るからなのである。しかし人間が利己的な欲望に従って生きる限り、そのような無私な態度で働くことなどできない。利己的な態度で得ようとしても、人生の楽しみを手に入れることができないことを、経験と理性を通して納得させられたときにはじめて、人間は本来与えられている課題に自分を捧げるようになる。このような意味で悲観主義的な立場に立つことこそが、無私な態度の基本なのである。悲観主義を基礎にした教育は、自分中心の態度ではどうにもならない、と思い知ることによって、利己主義を根絶することなのである。

したがってこの考え方からすれば、快感を求めることはもともと人間の本性に基づいている。いくらそれを求めても得られない、と洞察できたときにのみ、この欲求は消え、代わりにより高次の課題が人間に与えられる。

しかし、悲観主義を認めることができれば、利己的でない人生目標に身を捧げるようになると期待する道徳的世界観は、本当の意味で利己主義を克服しているとは言えない。道徳的理想は、いくら快感を追求しても満足が得られないと悟ったときにはじめて、意志を支配するだけの力強さを持つのだ、という。快感というブドウを手に入れようとしても、手が届かないので、その味はすっぱいだろうと思う。そしてそこから離れて、無私な態度で品行方正に徹する。悲観主義者によれば、道徳理想はそれだけでは利己主義を克服するのに十分な力強さを持っていない。しかしその理想は、利己的な態度からは何も期待できないという認識が用意した土地の上でならば、支配権を確立することができる。

生まれつき快感を求めて努力する人間が、それにも拘らずそれを手に入れることができないとき、生きることを否定し、無による救済を求めることが唯一の理性的目標になる、という。そして世界苦の本来の担い手が神であると考える人間は、神の救済のために働くという課題を引き受けざるを得ない、という。個人の自殺はこの目標の達成を促進させず、妨害する。神が人間を創造したのは、人間が行為を通して神の救済を果たさんがためなのである。それだけが人間創造を合理化する。もしそうでなければ、神の創造行為は目的のないものになってしまう、という。だからこのような世界観は、人間から離れたところに目的を設定している。どんな人も、この人間離れした、普遍的な救済事業のために、それぞれの持ち場で働かなければならない。自殺によってその仕事から逃れると、別の誰かが自殺者に割り当てられていた仕事をやらなければならなくなる。その人は自殺者の代わりに、人生の苦悩を引き受けなければならない、そしてどんな人の中にも、神が苦悩の本来の担い手として潜んでおられるので、この内なる神の苦しみを自殺者は少しも軽減しなかったどころか、彼の身代わりに別の誰かを創造するという新たな重荷を神に背負わせるのである。

以上の考え方はすべて快感が人生の価値基準であるという前提に立っている。人生は一定の額の衝動（欲求）に依存しているのだという。人生の価値が快感をもたらすか、不快感をもたらすかによって決められるものであるのなら、快よりも不快の方を過剰にしてしまうような衝動は無価値であると言わなければならない。だからわれわれはここで、衝動と快感とを対比させ、前者が後者によって計られるものかどうかを見極めようと思う。人生を「精神貴族」の立場で考えようとしているのではないか、という嫌疑をかけられずにすむように、われわれは「純動物的な」欲求である飢餓から考察を始めようと思う。

飢餓が生じるのは、われわれの諸器官の働きが、新しい養分の供給を受けなければ、それ以上正常には機能できなくなるときである。飢えた人がまず求めるのは、空腹を満たすことである。飢餓感がなくなるまで養分が十分に補給されると、食欲は満たされる。食欲を満たすときの満足感は、第一には飢餓が呼び起こした苦しみが取り除かれることにある。食欲単なる食欲に加えて、別の欲求が生じる。人は誰でも、養分の摂取によって、妨げられた器官の機能を回復させ、飢餓の苦しみを取り除くだけではなく、好ましい味覚体験がそれに伴うように望む。空腹感を持っていても、あと三十分でおいしいご馳走にありつけると分っていれば、誰でもつまらない食べ物を先に食べて、大きな楽しみを台無しにしてしまおうとは思わない。食事の楽しみを完全に味わうためには、空腹でなければならない。したがって飢餓は快感の誘発者でもある。もしも世界中の空腹感が一度に満たされるとしたら、そこには食欲があるおかげで大量の喜びが生じることであろうが、同時に美食家の味覚神経を通常以上に敏感にしている味覚文化の楽しみもそれに付け加わる。

味覚を十分に満足させ、また胃腸の障害などによる不快感がつきまとうこともないとすれば、食事の楽しみは最大の価値を持つであろう。

ところが近代自然科学の考え方によれば、自然は自分が維持できる数よりも、もっと多くの生命を産み出している。つまり飢餓の状態がそれを満たす状態よりももっと多いのである。自然によって産み出される生命の過剰部分は、生存競争の中で苦しみながら死滅していく。確かに生きようとする欲求は世界経過のどの時点でも、それに応えうる充足手段よりも常にもっと大きい。そして生きる喜びはそれによって常に損なわれている。しかしそれにも拘らず、実際には個々の生きる喜びはそれによって少しも減少しない。欲求がその都度満足されるとき、それに応じた量の喜びがそこに見出せる。たとえ当人や他の人の中に別の充たされぬ衝動がなお多く存在しているとしてもである。そこに減少されるものがあるとすれば、それは生きる喜びの価値である。或る生命存在の欲求の一部分だけが充たされるとき、それに応じた喜びが体験される。この充たされた部分の価値は、それが人生の喜び全体との関係の中で、当面の喜びの範囲が小さいものであればある程、小さい。われわれはこの価値を「分数」で表現することができるであろう。その場合、分子は当面の喜びであり、分母は人生における欲求の総量である。分子と分母の数が同じなら、つまりすべての欲求が充たされるなら、その分数の値《あたい》（価値）は1である。その値が1よりも大きくなるのは、その生物の中に欲求よりももっと大きな快感が存在するときである。その値が1より小さくなるのは、喜びの量が欲求全体以下のときである。しかしこの分数は決してゼロにはならない。分子がどんなに僅かな値でしかなかったとしてもである。人間が死ぬ前に総決算をして、特定の衝動（例えば飢餓）から生じた喜びの量を全生涯に亘るこの衝動の欲求のすべてで割れば、快感の体験はおそらくごく僅かな値にしかならないであろう。しかしまったく価値がなくなることはない。ただ欲求の増加に伴って、その生きる喜びの価値は減少するだけである。同じことは自然界全体の生命についても当てはまる。生物の数が、その衝動を充足させてくれるものの数に較べて、大きくなればなる程、平均的な生きる喜びの価値はますます少なくなる。生きる喜び宛てにわれわれの衝動の中で振り出された手形は、その全額を現金化することができなければ、値打ちが下がる。私が三日間たっぷり食事をとることができたとき、たとえ次の三日間は何も食べるものがないとしても、最初の三日間の喜びがそれによって減ることはない。しかし私はこの喜びの量を六日で割らなければならない。そうすると、私の食欲に対応する価値は半減することになる。私の欲求の度合いとの関係で言えば、快感の大きさについても同じことが言える。私がバター付きのパン二個分の空腹を抱えているのに、一個分しか手に入らなかったとすれば、その一個のパンから得ることのできる喜びは、十分に満腹できたときに持つであろう価値の半分でしかない。これが人生の中で快感の価値を決める際のやり方である。それは人生の欲求に従って定められる。われわれの欲求が尺度なのであり、快感がそれによって測定される。満腹の喜びは飢餓が存在するときにのみ価値を持つ。つまり飢餓の大きさに比例して価値の大きさが決まる。

人生の満たされぬ欲求は満たされた欲求にも陰を投げかけ、喜びの時間の価値をも損う。とはいえそれとは別に、快感の現存の価値について語ることもできる。この価値は、われわれの欲求の持続と強度とに較べて快感が小さければ小さい程、ますます少なくなる。

快感の持続と度合いとが欲求とまったく一致するとき、その快感の量は完全な価値を持つ。われわれの欲求に較べてより小さな快感の量は快感の価値を減じている。欲求よりももっと大きな快感の量が存在するときには、欲求しなかった過剰の快感を産み出す。そしてその過剰部分は、それを享受するわれわれが欲求をどこまで高めることができるかに応じて、快感として感じられる。われわれの欲求が過剰な快感と同じ歩調をとって増大することができなければ、その快感は不快感に変化してしまう。いつもならわれわれを満足させてくれる筈の対象が、望みもしないのにわれわれに襲いかかる。そしてわれわれはそのことに苦しむ。つまり、われわれの欲求を尺度にして計ることができる限りでのみ、快感はわれわれにとって価値をもつ。快適な感情をもたらすものも、それが過剰になると苦痛に転化する。このことは、快感を求める気持の少ない人の場合に特によく観察できる。食欲のまったくない人にとって、食物は容易に吐き気の対象になる。欲求が快感の価値尺度であるということは、このことからも明らかである。

とはいえ、悲観主義者は言うであろう。食欲が満たされなければ、食べる喜びを奪われるだけでなく、もっと烈しい苦痛をも生じさせるであろう、と。悲観主義者はその際、飢餓に襲われた人たちの名状し難い苦しみを引き合いに出すかも知れない。そして飢えに苦しむ悲惨な状態が非常に大きな不快感を生み出している、と言うであろう。一定の季節になると、食物がなくなり、飢えに苦しむ動物たちの例も取り上げられるであろう。悲観主義者はそのようなさまざまの不幸を例にあげて、その苦しみの方が食欲を通して得られる喜びの量よりも、この世でははるかに上廻っている、と主張する。

快感と不快感を相互に比較して、利得と損失を比較するときのように、そのどちらが大きいかを決めることは、勿論可能である。しかし悲観主義者が不快感の方をより大きいと考え、そこから人生の価値のなさを結論づけるとすれば、その判断は間違っている。なぜならその計算は実生活においては意味を持たない計算だからである。

われわれの欲求は時に応じてその都度、特定の対象に向けられている。その欲求の充足が生み出す快感の価値は、すでに述べたように、快感の量がわれわれの欲求の大きさに比例して、大きければ大きいほど、大きくなる。[註]また、快感を手に入れようとしたときにおまけにもらう不快感の量がどのくらい大きいかということも、われわれの欲求の大きさ次第である。われわれは不快感の量を、快感の量とではなく、われわれの欲求の大きさと比較する。食べることの大好きな人は、いい暮しのときの楽しみを知っているおかげで、生活にこまり、食事も十分とれなくなったときにも、食欲を満足させる喜びを知らない他の誰かよりも、もっと容易にその貧しい状態に耐えることができよう。子どもが欲しいと思っている女性は、子どもを得ることで与えられる喜びを、妊娠、出産、子育てなどから生じる苦しみと比較したりはしない。その喜びを子どもが欲しいと願う欲求と結びつける。

註　快感は異常に高められると、不快感に転化するが、ここではそのような場合を考慮に入れずにおく。

われわれが求めるものは抽象的に計算された快感ではなく、具体的な欲求充足の仕方である。特定の対象または特定の感情によってしか充たすことのできぬ快感を求めるとき、同じ量の快感を提供してくれる別の対象や別の感情を見出したとしても、われわれの欲求は充足されない。空腹を満たしたいと思っている人に対して、食べる喜びの代わりに、同じくらい大きな喜びであったとしても、散歩する喜びを提供しようとしても無駄である。われわれがもっぱら一般的に一定量の快感を求めているのだとすれば、この快感が量においてはるかに上廻る不快感をどうしても伴わなければならなくなると、欲求そのものが沈黙してしまう筈である。けれども欲求が特定の快感の充足を求めているときには、その快感を上廻る程の不快感を我慢しなければならなくても快感が十分に喜びを与えてくれる。衝動が特定の方向をとり、そして具体的な目標を目指して進むときには、この方向にその衝動に匹敵する程の量の不快感が立ちはだかるとしても、それを考慮に入れる必要はない。欲求が十分な強さを持っていさえすれば、そして不快感——それがどんなに大きなものでも——を克服した後もなおその欲求が存続しているときには、欲求充足の喜びを少しも欠けることなく味わうことができる。したがって欲求は不快感を目標となる快感に直接関係づけない。むしろ自分自身（欲求）の大きさと不快感の大きさとが間接的に比較されるに留まる。問題となるのは、得ることのできる快感の方が大きいか、それに伴う不快感の方が大きいかではなく、目指す目標への欲求の方が大きいか、障害となる不快感の方が大きいかである。障害が欲求よりも大きければ、欲求はその不快感に耐えられず、いやになり、それ以上先へ進もうとはしなくなる。特定の欲求を満足させる際の快感は、欲求が充たされたあとにも残っている不快感の量がどのくらい欲求の大きさを減少させたかを示している。私が遠くの景色を見るのが好きだとすれば、私は山を登ったり下りたりするときの苦労に伴う不快感と比較して、山頂からの眺望を楽しむ際の快感がどの程度大きいものになるか、と計算したりはしないが、しかし遠望を楽しみたいという私の欲求が山頂まで苦労して登ったときにもまだ十分存在しているかどうかとは考えるであろう。欲求の大きさを媒介として、快感と不快感とはもっぱら間接的に結びつき、そしてひとつの結果を与えてくれる。快感と不快感のどちらがより大きいかではなく、快感への欲求が不快感を克服するのに十分な強さを持っているかどうかが問われるのである。

この主張の正しさを証明してくれるものは、いわば天からの贈り物のように手元に届けられる快感よりも、大きな不快感を乗り越えて手に入れたときの快感の方がもっと価値がある、という事実である。苦しみや悩みがわれわれの欲求を弱めたにも拘らず、遂に目標に達することができたとき、快感は欲求のまだ残されている量に比例して、ますます大きくなる。この比例関係はすでに述べたように、快の価値を表している（二四六頁以下参照）。このことは、生き物（人間を含めて）が対抗する苦しみや悩みに耐えることができる限り、その衝動を発展させていくという事実からも証明される。そして生存競争はこの事実の単なる結果にすぎない。生命は発展を目指して努力する。そして困難が繰り返して襲ってくる。その暴力によって窒息させられるものだけが闘いをやめる。どの生き物も飢餓が生命を破壊するまで、食物を求め続ける。そして人間は努力に価する生活目標に到達し得ない、と——正しいにせよ、間違っているにせよ——信じるときには、自殺さえも企てる。しかし努力に価する何かが達成できると信じられる間は、あらゆる悩みや苦しみに耐えて闘う。ところが哲学がそのような人間のところへやってきて、快感が不快感よりも大きいときにはじめて欲求することに意味が出てくる、と信じこませようとするのである。人間とは本質的に、欲求に伴って生じる不快感がどんなに大きいものでも、それに耐えられる限りは、欲求対象を手に入れようと望むものなのだ。ところがこのような哲学は、人間にとって本来あり得ないような、不快感に対する快感の過剰という特別の事態に人間の意欲を依存させようとする。しかしこの態度はまったく間違っている。意志行為に対する本来の尺度は欲求である。そして欲求は、可能なときにはいつでも自己を貫徹しようとする。欲求を充足させる際に生じる快感と不快感に対する態度を決めるのは、合理的な哲学ではなく、まさに人生そのものである。例えば、或る店でリンゴを買うとき、場所を空けたいので同じ量のいたんだリンゴも持っていってくれ、と店員に頼まれたとする。そのようなとき、もし私が良いリンゴの分だけの値段を見積って、いたんだリンゴを持っていく労力をそれにプラスしても、なお十分に安いと思えば、いたんだリンゴを持っていくことに負担を感じないであろう。この例は欲求に伴う快と不快との間の量的な関係を明らかにしてくれる。私は良いリンゴの分からいたんだ分のリンゴを差引いた量に値段をつけるのではなく、良いリンゴがいたんだリンゴを伴っていても、まだ十分買うに価するかどうかで決めるのである。

良いリンゴを食べるとき、いたんだリンゴのことを考えたりはしないように、或る欲求を満足させるときには、それに伴う苦しみのことなど忘れて、その喜びにひたるのである。

世の中には快感よりも不快感の方が多い、と主張する悲観主義がかりに正しいとしても、このことがわれわれの生きる意志に影響を及ぼすことはないであろう。なぜなら人生は快感をさらに求め続けるであろうから。苦しみが楽しみよりも勝っていることが経験的に証明できたとしてもそして人生の価値を快感が勝っているということの中に見る哲学方向（幸福至上主義）の無意味さを指摘できたとしても、だからといって意志そのものが不合理な存在である、ということにはならない。なぜなら意志は過剰な快感をではなく、不快感を克服したあとにも存在する快感を求め続けるのだから。最後に残された快感がいつでも努力に価する目標となる。

これまでは、悲観主義を否定するために、人生において快感と不快感のどちらが多いかを決めることなどできない、と主張されてきた。比較計算をするためには、計算対象が量的に比較できなければならない。どの不快感もどの快感も特定量の強さと持続力をもっている。いろいろな種類の快感の大きさを、少なくとも比較考量することは可能である。上質の葉巻タバコと上手な冗談のどちらがより大きな楽しみを与えてくれるかを、われわれは知ることさえできる。さまざまな快感、不快感の大きさを比較することに非難を加えることはできない。だから人生において快感が勝っているのか、不快感が勝っているのかを決めようとする人は、まったく正しい前提から出発している。悲観主義の主張の間違いを指摘することはできても、快感と不快感の量を科学的に比較する可能性や快感の帳尻合わせに対して疑問を呈することはできない。けれどもこの計算の結果によって、人間の意志を何らかの仕方で規定することができる、と主張するのは間違いである。われわれの行動の価値を、快感と不快感のどちらが勝っているかで決めることができるのは、行動の目標となる対象がわれわれにとってどうでもよいようなものの場合である。仕事の後で、軽く遊んで楽しもうとするようなとき、そしてそのために何をしてもいいと思っているようなとき、私は一番大きな快感と一番少ない不快感とを提供してくれるものは何か、と考えるであろう。そして快感と不快感とを天秤にかけ、秤が不快感の方に傾くことが分れば、直刻そんなことはしなくなるであろう。子どもにおもちゃを買ってあげようとするときにも、子どもに一番喜んでもらえて、危険の少ないものは何か、と考えて選ぶであろう。しかしそうでない場合にはいつでも、快感と不快感の帳尻合わせに従って決めようなどとはしない。

したがって、悲観主義的な倫理学者が快感より不快感の方が勝っていると指摘することによって、文化的な仕事へ没我的に帰依する地盤が用意できると考えたとしたら、人間の意志が本質的にこの認識の影響を受けたりはしない、ということを考えていないことになる。人間の行動は、あらゆる困難を乗り越えた後で得られる満足感を基準にしている。この満足感への期待が、人間の行為の根拠なのである。個人の労働も社会の文化活動もこの期待から生じる。悲観主義的な倫理観は幸福追求の不可能性を明示しなければならないと信じている。そうすれば人間は本来の道徳的課題に身を捧げるつもりになれる、というのである。しかしこの道徳的な課題といえども、具体的に考えれば、自然的、精神的な衝動以外の何ものでもない。そしてそこにどんな不快感が混ざっていようとも、その衝動は満たされることを求める。それ故悲観主義が根滅しようとしている「幸福の追求」などというものは、まったく存在していない。人間が課題と出会い、その課題の意味を悟るとき、その課題を自分に与えられた能力で遂行しようと欲する。悲観主義的な倫理観は、快感の追求をあきらめるときにはじめて、人生の課題として認識したものに人間は身を捧げる、と説く。しかしどんな倫理観といえども、人間的な欲求充足と道徳理想の実現以外に人生の課題を考え出すことはできないし、欲求の充足に伴う快感を人間から取り上げることもできない。「快感を求めるな。それを手に入れることは不可能なのだ。課題を認識し、それに向かって努力せよ」と悲観主義者が言うとすれば、それに対しては次のように応じることができよう。「それはあまり褒めたやり方ではない。人間が幸福だけを追求している、と主張するのは、迷路をさまよっている哲学者の思いつきにすぎない。人間は自分の本性の欲求を満足させようと努力し、この努力に適った目標を目指している。決して抽象的な『幸福』などを追求しているのではない。そしてその目標の達成が、人間にとっては快感として体験されるのである」。悲観主義的な倫理観の要求、「快感を追求せず、人生の課題を認識し、それの実現に努力せよ」は、人間の本性が欲していることを述べているにすぎない。人間は哲学によって心を逆撫でされる必要はない。道徳的であるために、自分の本性の欲求を捨て去る必要はない。道徳性は正しいと認めた目標への努力の中に存する。その努力は、それに伴う不快感がその欲求を麻痺させない限りは、続けられる。そしてこれがすべての意志の本質である。倫理学は快感への努力をすべて根滅することにあるのではない。もしそうであるとすれば、蒼ざめた抽象理念が支配して、人生の楽しみを妨げてしまう。本当の倫理学は、たとえその道がどれ程いばらに満ちていようとも、目標達成へ向けての、理念的直観に担われた力強い意志に基づいている。

道徳理想は人間の道徳的想像力から発している。その理想の実現は、人間が苦しみや悩みを克服してまでもその理想を欲求しようとするかどうかにかかっている。理想は人間の直観内容であり、精神が引きしぼる弓である。人間はそれを欲する。なぜならそれの実現は至上の快感なのだからである。人間は倫理学によって快感の追求を禁じられたり、何に向かって努力すべきなのかを命じられたりすることを必要だとは思っていない。道徳的想像力を活発に働かせて、意志に力強さを与えてくれるような直観内容をもつことができれば、人間はますます道徳理想を追求するようになる。そして人間存在そのものの中に組み込まれているさまざまな障害を、そしてその一部分である不快感をも乗り越えることができるようになる。

偉大な理想を追求する人は、そうすることが自分の本性の一部分になっているからこそ、そうするのである。だからそれを実現することは、その人にとって大きな喜びであるだろう。それに較べれば、日常的な衝動を満足させるときの快感などは些細な事柄にすぎない。理想主義者は、その理想を現実に移し換えるとき、精神的に耽溺しているのである。

人間の欲求充足に伴う快感を根滅しようとする人は、したいからするのではなく、せねばならないからする奴隷のような存在に人間をしておかなければならない。なぜなら自分が望んだことを達成するときには、常に快感が伴うのだから。善と呼ばれるものは、真の人間本性にとって、為すべき事柄なのではなく、為そうと欲する事柄なのである。このことを認めない人は、人間が欲する事柄をまずその人間の内から追い払って、別の意志内容を外からその人に押しつけなければならない。

欲求の実現に価値があるのは、それが人間の本性から生じているからである。そして実現された事柄に価値があるのは、それを人間が欲したからである。人間の意志が望んだ目標が無価値だというのであれば、価値のある目標を人間が欲していない何かから取ってこなければならなくなる。

悲観主義を基礎におく倫理観は道徳的想像力を軽視する。個々の人間精神は自分で努力目標を指示することができない、と考える人だけが、意志行為はすべて快感への憧れをもっている、と考える。想像力のない人は道徳理念を自分では創造できないので、それを受け取るしかない。低級な欲求の充足を計ろうとする人は、それを肉体の本性にまかせればよい。けれども人間全体を発展させるためには、精神に由来する欲求がなくてはならない。人間はそもそもこのような高級な欲求を持っていない、と考える人だけが、高級な欲求は外から受け取るべきだ、と説く。その場合には、人間は自分の望まない事柄を行う義務がある、と言うのも正しいであろう。自分の望まない使命を達成しようとするのだから、自分の意志は退けておくように、と人間に要求する倫理観は、それがどんなものであれ、人間全体のことを考えていない。精神的な欲求能力を欠いた人間だけが人間だ、と思い込んでいる。調和的な発達を遂げた人間にとって、善の理念は自分の本質の範囲外にではなく、その範囲内にある。道徳行為は一面的な利己心を根絶することではなく、人間本性の十分な発展の中で生じる。自分の利己心を殺すときにのみ、道徳理想を達成することができる、と考える人は、この理想が、いわゆる動物的な欲望と同じように、人間自身によって欲せられていることを理解していない。

　以上に述べた考え方が誤解されやすいものであることを否定することはできない。道徳的想像力のない未熟な人間たちは自分の生半可な本性を完全な人間性の内実だと思い込み、誰にも妨げられずに「好きな生き方」をするために、自分の欲しない道徳理念をすべて拒否する。成熟した人間に当てはまることが生半可な人間には当てはまらない。しかしそれは当然なことである。教育を通してこれから道徳的な本性が低級な情念の卵の殻を打ち破ることができるように、まだ教育を受けている最中の若い人たちに対して、成熟した人間に当てはまることを直ちに要求することはできない。しかしここは未成熟な人間をいかに教育すべきかを論じる場所ではない。成熟した人間本性の中に存在している自由の可能性をわれわれは問題にしているのである。自由は感覚的もしくは心情的な要求からの行動において実現されるのではなく、精神的な直観に担われた行動において実現される。

成熟した人間は自分で自分に価値を付与する。自然もしくは造物主から恩寵を受けようと努めるのでもなければ、快感の追求をやめなければ認識できない、というような抽象的な義務を果たすのでもない。欲するままに行動する。その行為は自分の倫理的直観の基準に従っている。そして自分の欲求の達成を人生の本当の喜びであると感じている。その人は人生の価値を、努力したこととその成果との関係に即して定める。意志の代わりに単なる当為《とうい》(為すべきこと)を、欲求の代わりに単なる義務を措定する倫理観は、人間の価値を義務の要求とその成果との関係に即して定める。この倫理観は人間本性の外にある尺度に従って人間を計る。——以上に論じてきた著者の観点は、人間に対して、自分自身に立ち返るように求めている。この観点は、各人が自分の意志を基準にしているときにのみ、そこに人生の本当の価値を認める。個人によって肯定されない人生価値も、個人に由来しない人生目的も、受け容れない。あらゆる側面から吟味された個人の本質の中に、その人自身の主人を、その人自身の鑑定人を見出す。

## ●一九一八年の新版のための補遺

人間の意志そのものは理性に反している、という表面的な意見に毒されている人は、本章で述べた事柄を誤解するかも知れない。そのような人は、この反理性的な本質が明らかにされれば、意志からの決定的な解放こそが倫理的な努力の目標になることを、納得させられるだろうと考える。勿論私は専門的な哲学者からこのような意見を聞かされた。そういう哲学者は、動物や大抵の人間がやろうとしないこと、つまり人生の帳尻合わせを、代わりにやるのが哲学者の仕事である、と私に納得させようとする。けれどもこのような意見を述べる人は主要な点を見落としている。すなわち、自由を実現するためには、人間本性の中で意志が直観的思考によって担われていなければならない、という点をである。勿論、意志が直観以外の何かによって左右されることもある。しかし人間本性から流れてくる直観を自由に生かすことによってのみ、道徳価値は産み出される。倫理的個体主義はそのような道徳性のまったき尊厳を表現するのにふさわしい立場である。その立場は、意志を規範に外から合わせることが道徳的な態度なのではなく、道徳意志が自分の存在の一部分になるように、それを自分の内部からおのずと生じてくるようにすることが、道徳的な態度なのだ、と考える。したがって不道徳な行為は人間存在の畸形であり、不具であるとしか考えない。

# 第一四章　個と類

人は誰でも完全無欠で自由な個性となりうる、という考え方は、個人が自然集合体（人種、種族、民族、家族、男性、女性など）や国家、教会などの一分肢であるという事実に矛盾しているように思える。人間は自分の属している共同体の一般的な特質を担っており、その行為内容も社会の中で占める位置によって規定されている。

そのような状態においても、人はなお個性として存在することが一体可能なのか。人間が特定の集団の中から生じ、特定の集団の中に組み入れられているとしたら、一個の人間をひとつの全体と見做すことが一体可能なのか。

或る集団に属する一分肢の特質や機能は集団全体によって規定されている。民族集団に属する人はすべて、その集団の特質を自らの内に担っている。個人の在り方やその行動のパターンは集団の性格によって条件づけられている。そのことによって個人の相貌と行動とは類にふさわしいものとなっている。なぜこの点がこの人の場合はこうなっているのかと問うとき、個から類へ眼を向けなければならない。或る人の態度がなぜわれわれの観察した通りの在り方をしているのかを類が説明してくれる。

しかし人間は類的なものからも自由な存在である。なぜなら人間における類的なものは、人間がそれを正しく体験するときには、その人の自由を決して制限したりはしないからである。人工的な制度がそれを制限することも許されない。人間が発達させるべき特性や能力を規定する根拠は人間そのものの中に求めなければならない。その際類的なものは、各人が固有の本性を顕すための手段でしかない。人間は自然から授けられた特性という土台の上に立って、自分の本質にふさわしい形式を自分に与える。この本質を顕す根拠を類の法則に求めても無駄である。大切なのは個体であって、個体だけがそれ自身の内に存在の根拠を担っている。人間は類的なものからこのような意味で解放されるところにまできているのである。それにも拘らず、類の性格から人間の性質のすべてを説明しようとする人は、個的なものを何も理解していないことになる。

類概念を下敷きにして人間を評価するとしたら、人間を完全に理解することは不可能である。そのような類による評価が最も頑固に行われているのは、性に関する事柄においてである。男は女の中に、そして女は男の中にあまりにも相手の性の一般的特徴を見、個的な特徴を見ようとはしない。このことは実生活においては、女よりも男にとって害が少ない。女の社会的地位がいまだにひどく悪いのは、女として求められている多くの点が、個個の女の個的特徴によってではなく、女として生まれつき持っている課題や要求の一般通念によって決められているからである。男の生活はその人の個的な能力や欲求に従っている。女の生活はまさに女であるという事情によって決められている。女は女性一般という類的なものの奴隷になっている。女であることがどの職業に適しているかを男に求めてもらっている限り、いわゆる婦人問題は初歩的段階から抜け出ることはできない。女として望むことのできるものが何なのかは、女の判断にゆだねなければならない。女に現在開かれている職業だけにしか女の能力が及ばないということが本当なら、女が自分でそれ以外の職業を選ぶ理由がわからない。女であるとは何を意味するのかを決めるのは女自身でなければならない。女が女性としてではなく、個体存在として生きようとしている現代の変化した社会状況に危惧を抱く人に対しては、全人類の半数が人間にふさわしい生き方をする社会状況こそ、社会進化のために不可欠なのだ、と応えねばならない[註]。

**註** 本書の初版（一八九四年）が出たとき、ただちにここに述べたことに対して異議が出された。類としての女性はすでに思い通り個性を発揮して生きている。学校を出てからも、戦争や仕事が待っているような、非個性的な生き方をさせられる男よりもはるかに自由である、というのである。多分このような非難をする人は今日の方が当時よりも多いであろう。私はこの一節を新版においてもそのまま遺しておき、このような非難が本書に述べられている自由の概念にどれ程抵触するものであるかを理解してくれる読者のいることを願っている。そのような読者はここの一節を学校や職業による男の非個性化とは別のところで評価してくれるであろう。

人間を類の性質に従って評価する人は、自由な自己規定に基づく人生が始まる以前の段階のところに立ち止まっている。この段階以前のことはすでに科学研究の対象になっている。人類、種族、民族、性などの特性は個別科学の内容である。類の典型となって生きようとする人がいるとしたら、そのような人だけが個別科学が扱う一般的な類の像と自分とを完全に一致させることができるであろう。しかしどんな個別科学も個人の生活内容にまで立ち入ることはできない。思考と行動における自由の領域が始まるところでは、類の法則は力を行使できない。完全な現実を手に入れるために、思考が知覚内容と概念内容とを結びつけるとき（一〇六頁以下参照）、どんな人でもその概念内容を完全な形で他人に伝えることはできない。各人は自分の直観を通して、それぞれ自分でその概念内容を手に入れなければならない。個人がどのような考え方をするかを何らかの類概念から導き出すことはできない。そのための唯一の尺度は個人なのである。個人が自分の意志にどんな具体的目標を与えようとするのかも、人間の一般的な性質から決めることはできない。個人を理解しようとするなら、その人固有の本性にまで眼を向けなければならない。類型的な特徴に立ち止まってはならない。この意味でいえば、どんな人もそれぞれが新たに解かれるべきひとつの課題である。それを抽象的な思考や類概念で処理しようとするすべての科学は、そのための準備段階でしかない。つまり個人が世界を観察するときの仕方を知り、そして個人の意志による行為内容を認識するようになるための準備段階にすぎないのである。そこに類型的な思考や類としての意志から自由な何かがあるらしい、と感じることができたなら、相手の個性の本質を理解するのにわれわれは自分の精神から取り出した概念の適用をやめなければならない。認識は概念と知覚内容とを思考によって結びつけることの中にある。どんな場合にも、観察する人は概念を自分の直観を通して獲得しなければならないけれども、相手の自由な個性を理解しようとする場合だけは、その相手自身が自己を規定するときの基準概念を、純粋に（観察者に固有の概念内容を混入することなく）観察者の精神の中へ受け容れなければならない。他人を評価するのにわれわれ自身の固有概念を用いてしまうならば、決してその人の個性の理解にまでは達しないであろう。自由な個性が類の特性から自分を自由にするように、個を認識する行為も類的なものを理解する仕方から自分を自由にしなければならない。

以上に述べたような仕方で、類的なものから自分を自由にする程度如何が、共同体の内部にいる人間が自由な精神でいられるかどうかを決定する。どんな人も完全に類でもなければ、完全に個でもない。しかしどんな人も、多かれ少なかれ、動物的生活の類的なものからも、自分の上に君臨する権威の命令からも、自分の本質部分を自由にしていく。しかしこのような仕方で自由を獲得することができない人は、自然有機体か精神有機体の一分肢になる。そして他の何かを模倣したり、他の誰かから命令されたりして生きる。自分の直観に由来する行為だけが、真の意味で倫理的な価値を有している。遺伝的に社会道徳の本能を所持している人は、その本能を自分の直観の中に取り込むことによってそれを倫理的なものに変える。人間の一切の道徳活動は個的な倫理的直観と、社会におけるその活用とから生じる。このことを次のように言い換えることもできよう。——人類の道徳生活は自由な人間個性の道徳的想像力が産み出したものの総計である、と。これが一元論の帰結である。

# 第三部　究極の問いかけ

# 第一五章　一元論の帰結

世界の統一的な解釈、つまり本書で扱われている一元論は、世界解釈に要する諸原理を経験の中から取り出す。同様にまた行動の源泉を観察世界の内部に求める。つまり自己認識の可能な人間本性である道徳的想像力の中に求める。一元論は、知覚と思考の前に横たわる世界の究極の根拠を、抽象的な推論によって世界の外に見出そうとすることを拒否する。体験できる思考的考察が知覚内容の多様性に統一を与えるとき、それは一元論的な認識要求に適っている。この統一を通して物質的、精神的な世界領域へ入っていくのである。このようにして求められた統一の背後に、さらに別の統一を求めようとする人は思考によらなければ認識衝動が満足されないことを認識していない。個人は世界から切り離されてはいない。個人は世界の一部分であり、現実に宇宙全体とも関わりをもっている。この関連はわれわれの知覚に対してその扉を閉ざしている。われわれははじめ、個人が宇宙の内部で単独に存在していると考えている。なぜなら宇宙の基本力によって生命の輪を回転させているベルトやロープを知覚していないからである。この観点に留まる人は、全体の一部分である個体がそれぞれまったく独立している本性として、単子（モナード）として、それぞれ外の世界から何らかの仕方で情報を受け取っている存在であると考えている。本書が述べる一元論では、個体の独立性は知覚内容が思考によって概念世界の網の目に組み込まれていない限りにおいてのみ存在する、と教える。このような知覚内容と概念との結びつきが生じるとき、孤立した存在は知覚上の単なる仮象に過ぎないことが明らかになる。人間は自分が宇宙における完結した全体存在であるということを、直観的思考体験によらなければ見つけ出すことができない。思考は知覚上の仮象を打ち破って、われわれの個的存在を宇宙生命の中に組み込む。客観的な知覚内容を含んだ概念世界の統一はわれわれの人格の主観的な内容をも取り込む。思考は現実の真の姿を、完結した統一体として、われわれに提示する。知覚内容が多様性をもっているように見えるのは、身体組織の制約の下に現れる仮象にすぎない（一〇五頁以下参照）。知覚の仮象をではなく、真の現実を認識することは、いつの時代にも人間の思考の目標であった。科学は知覚内容の内にある合法則的な関連を明らかにし、そうすることによって、知覚内容を真の現実として認識しようと努める。しかし人間の思考によって認識された世界関連が単なる主観的な意味しかもっていないと考える人は、統一の真の根拠を経験世界の彼岸に存する対象（推定された神、意志、絶対精神など）の中に求めてきた。――そしてそのような考え方に基づいて、経験の範囲内で認識できる諸関連に加えて、経験を超えた第二の知識をも得ようと努めた。つまり経験内容と経験不可能な本質存在との関連を明らかにしてくれるような知識を、である。このような知識は体験ではなく、推論によって獲得されて、形而上学になる。形而上学はわれわれが合法則的な思考活動によって宇宙関連を理解することのできる理由を、根源存在（神）が論理的法則に従って世界を作り上げたことの中に見、われわれの行為の道徳的根拠を根源存在の意志の中に見る。けれども思考が主観的なものと客観的なものとを同時に包含していること、知覚内容と概念との思考による結びつきの中に完全な現実が顕れることについては何も考えなかった。知覚内容を貫徹し規定している法則の働きを概念の抽象形式の中で考察する限り、われわれは純粋に主観的な立場に立っている。しかし思考によって知覚内容に結びつけられた概念の内容は主観的ではない。その内容は主観からではなく、現実から取り出されている。それは知覚だけでは獲得できない現実の一部分である。それは経験内容ではあるが、知覚によって与えられた経験内容ではない。概念を現実的なものと考えることのできない人は、概念を頭の中にあるだけの抽象形式だと考えている。しかしそのような抽象概念は、知覚内容と同じように、われわれの身体組織に依存している。われわれの知覚する樹木は、それだけを取り出してみれば、決して実在しているものとは言えない。それは自然の壮大な歯車装置の中でのひとつの分肢なのであり、自然との現実的な関連の中においてのみ可能な存在なのである。抽象的な概念は知覚内容と同じように、それ自身だけでは決して実在していない。知覚内容は客観的に与えられている現実世界の一側面であり、概念は主観的に（直観によって――一一三頁以下参照）与えられている現実世界のもう一方の側面である。われわれの精神構造は現実世界をこの二つの要因に分けてしまった。一方の要因は知覚のために現れ、もう一方の要因は直観のために現れる。この両者が結びつき、合法則的に宇宙に組み込まれている知覚内容こそが、完全な現実なのである。単なる知覚内容は、それだけを単独に考察すれば、現実ではなく、無関連な混沌《カオス》でしかない。知覚内容の合法則性だけを単独に考察すれば、それはもっぱら抽象的な概念としか結びつかない。抽象的な概念は現実を包含していない。一面的に概念だけを取り上げるのでも、知覚内容だけを取り上げるのでもなく、この両者の関連を取り上げる思考こそが現実を把握する。

われわれが現実の中に生きていること、われわれの存在が現実の中に根ざしていることを、どんなに極端な主観的観念論者たちといえども、否定しはしないであろう。ただ彼らはわれわれの認識能力が現実の生きた体験を理念的に把握できるかどうかについて異論を唱えるのである。それに対する一元論の主張は、思考は主観的でも客観的でもなく、現実の両側面を包括する原理なのだ、ということである。思考を通して観察するとき、われわれは現実の系列に属する過程を辿っている。経験そのものの内部における単なる知覚行為の一面性は思考を通して克服される。われわれは抽象概念による仮説を通して、純概念的の本質を案出しようとは思わない。われわれは知覚内容のための理念を見つけ出すことで、現実一元論は経験によっては把握不可能な何か（彼岸《ひがん》的なもの）を求めるのではなく、概念と知覚内容との関連の中に現実を見るのである。一元論は単なる抽象的な概念から形而上学を紡ぎ出したりはしない。概念そのものは現実世界の一側面でしかない。その側面は知覚には隠されている。しかしそれが知覚内容に関連づけられると、現実的な意味が出てくる。人間は現実世界の中に生きている。この世界以外のところに、体験不可能な高次の現実を求める必要はない。そういう確信を一元論はわれわれの中に呼び起こす。そして絶対的な現実を経験以外のところに求めようとするのをやめさせる。一元論は経験内容そのものを現実であると認める。そしてこの現実だけで満足する。なぜなら思考がそのことを保証する能力をもっているのだから。二元論が観察世界の背後に求めるものを、一元論は観察世界そのものの中に見出す。一元論はわれわれの認識が現実の真相を把握できると教える。その実相は人間と現実との間で生じる主観的な像などではない。一元論にとって、世界の概念内容はどんな人にとっても同じである（一〇八頁以下参照）。一元論の原則に従えば、人は別の誰かを自分と同じような存在と考える。なぜならその誰かの内部で生きて働いているものは、自分の内部にあるのと同じ世界内容だからである。この同じ世界の中には、いろいろなライオンの概念があるのではなく、ライオンという単一の概念だけがある。しかしいろいろな人がライオンについて思考する。Aがライオンの知覚内容に結びつける概念は、Bの場合の概念と同じものであるが、その同じ概念を異なる知覚内容をもった人びとが取り上げるのである（二〇九頁参照）。思考は知覚する主体にあらゆる多様性の理念的統一を与える。知覚するさまざまな主体、つまりさまざまな個人の中には、同じ理念界が生きている。人間は自分を知覚によって理解する限り、自分を特殊な人間だと思う。一方、一切の特殊性を包括する理念界の輝きを自分の中に見るとき、特殊な人間である筈の自分の中に絶対的な現実が生きいきと光輝くのを見る。二元論は神的な根源存在がすべての人間を貫いて生きていると考えている。一元論はこの共通の神的生命を現実そのものの中に見出す。別の誰かの理念内容は私の理念内容でもある。ただ知覚しているだけであれば、この二つの理念内容は異なるもののように思われるが、思考しているときには、もはやそのような区別を立てない。とはいえ、思考力の範囲が理念界全体に及ぶことはないから、その意味ではその時々の思考内容によって、個人は相互に区別されている。しかしそれらの内容も完結した理念界全体の中にあり、その全体は人間の限定された思考内容を包括している。人間はすべての人間の中で生きて働く根源存在を思考を通して把握することができるのである。現実の中での思考生活は、同時に神の中での思考生活である。推論できるだけで体験できない彼岸《ひがん》は、此《し》岸《がん》がそれ自身の中に存在の根拠をもっていない、と信じる人たちの誤解や願望に基づいている。その人たちは知覚内容の解明に必要なものを思考によって見出すことはできない、と思い込んでいる。だからその人たちはこの世の現実から借りてきたのではないような思考内容を提示したことがなかった。抽象的な推論によって想定された神は、彼岸に移し換えられた人間にすぎない。ショーペンハウアーの意志も、絶対化された人間の意志に他ならない。エドゥアルト・フォン・ハルトマンの無意識的根源存在は、理念と意志という、経験界から抽出してきた二つの概念の合成物である。体験された思考に基づかない彼岸的な原理のすべてについて同じことが言える。

人間の精神は決してわれわれの生きている現実を超えてはいかない。世界の解明に必要なすべてはこの世界の中に存在している。だから現実を超える必要はない。諸原理を経験の中から取り出した上で、それらを仮説上の彼岸の中へ移し入れ、それによって世界を説明しようとすることが哲学者の態度である以上、体験可能な思考を此岸の領域に放置しておくのは当然であろう。しかしこの世を超えるということは、どんな場合でもすべて幻想にすぎない。この世から彼岸へ移し換えられた諸原理だからといって、それがこの世の諸原理よりもこの世をよりよく解明してくれはしない。そもそも思考はこのような超越をまったく必要としていない。思考はこの世においてもあの世においても同じ思考なのであるが、この世の外にではなく、この世の内にしか知覚内容を見出し得ない。そして知覚内容と結びついたときにのみ、思考内容は現実的なものとなる。想像力の所産もまた、それが知覚内容を指示する表象内容になったときにのみ、現実の内容となる。それは知覚内容を通して現実に組み込まれる。この世の外にある内容から作られた概念があったとしても、それは現実に対応しない抽象物であるにすぎない。われわれは現実の諸概念だけを思考のために役立たせることができる。そしてそのような概念を見出そうとすれば、どうしても知覚行為が必要となる。もっぱらその内容が考案されている世界根源存在などは、自己を知っている思考にとっては、あり得ない想定である。一元論は理念存在を否定しない。それどころか対《つい》になる理念存在をもっていない知覚内容を完全な現実とは見做さない。思考が客観精神の現実の働きであることを否定することによって、思考の体験を不必要であるかのようにも思っていない。一元論は、知覚内容を記述するだけで、それを理念によって補足しようとしない科学の中にも、半分の真実しか見ない。しかしまた知覚内容の補足を受けない抽象概念の中にも、半分の真実しか見ない。そのような概念は、観察できる世界を包括する概念の網目から外れている。一元論は経験の外に対象を推定して、それに仮定された形而上的な内容を与えようとは思わない。そもそもそのようなものはすべて、一元論の眼から見ると、経験界から取ってきた抽象物にすぎない。ただそれが経験内容から借りてきたものだということを、当の形而上学者たちが見落としているだけなのである。

同じ意味で、一元論の考え方に従えば、われわれの行為の目標を、人間を超越した彼岸から取ってくることはできない。そのような目標は人間の直観に由来するものでなければならない。人間は彼岸に坐《いま》す根源存在の目的を自分の個人的な目的にはせず、自分の道徳的想像力が与える自分の目的に従う。人間は行動によって実現される理念を唯一の理念界から取り出し、それを自分の意志の根底に置く。だからその人間の行為の中には、彼岸が此岸に下した命令ではなく、此岸に住む人間の直観が生きて働いている。一元論はわれわれの外からわれわれの行動に目標を与えたり、方向を指示したりする支配者を認めない。行動の指針となる目標を与えてくれる究極的な根源存在が彼岸にいる筈はない。人間は自分自身に立ち返ることを求められている。人間自身が自分の行動に内容を与えねばならない。人間の生活圏外に意志行為の根拠を探し求めても、空しい結果しか得られない。母なる自然が与えてくれた本能衝動を満足させるに留まらず、さらに先へ進んで行こうとするなら、自分の道徳的想像力の中に行為を規定する根拠を求めなければならない。そして他人の道徳的想像力に自分を従わせるような安易な態度をやめなければならない。言い換えれば、人間は自分の行為を衝動に委ねるか、それとも自分の理念界から得た規定根拠に従って行動するかしなければならない。そうでなければ、誰か他の人が同じ理念界から取り出してきた規定根拠に従うことになる。人間がもっぱら自分の感覚的衝動や他人の命令に従うのではなく、さらに先へ進んでいくなら、自分以外の何ものかによって左右されたりはしない。自分以外の誰かではなく、自分自身が選んだ動機によって、行動する。勿論その動機は同一の理念界の中で理念的に決められている。しかし具体的に見れば、ただ人間だけがこの動機を理念界の中から取り出して、それを現実の中へ移すことができる。人間が自分から積極的に理念を現実の中へ移し換えるとき、一元論は人間の中にそのための動機の根拠を見つけ出すことができる。或る理念が行為となるためには、まずそれを人間の意志にしなければならない。そして意志は人間そのものの中にのみその根拠をもっている。だから人間は自分の行為の最終決定者なのであり、人間は自由なのである。

### ●一九一八年の新版のための補遺の一

本書の第二部においては、自由が人間の行動の中に実際に見出されることの理由を明らかにしようと試みた。そのために必要だったのは、とらわれずに自己を観察するときに、自由だと認められるような部分を人間の行動の全領域の中から取り出すことだった。そしてそのような行動部分とは理念的な直観内容を現実の中に移すような行動である。公正な眼で見れば、他のすべての行動は自由とは言えない。しかし公正な眼で自分を観察するとき、倫理的直観とその実現へ向けて努力する素質とが自分にもそなわっている、と誰でも思わざるを得ない。しかしそう思えたとしても、それだけでは自由についての最終決定を下すことはできない。なぜなら、その直観的思考が何らかの別の存在に由来するものであり、人間が自律的な存在でないのだとすれば、倫理的なものに由来する自由な意識などは幻想になってしまうであろうから。しかし本書の第二部は第一部によって基礎づけられており、第一部は直観的思考を人間に体験が可能な精神活動である、と述べている。思考のこの本性を体験的に理解することは、直観的思考の自由を認識することと同じである。そして思考が自由であることを知れば、自由な意志行為の範囲がどの程度のものかを理解するであろう。つまり直観的な思考体験によって内的経験に基礎をおく自律的な本性を生かすことができる限り、その人の行動は自由なのである。しかしそうでない限りは、自由を想定することはできないであろう。今述べた内的経験は意識の中に直観的思考が働いていることをよく知っている。直観的思考は意識の中だけに働くとは限らないけれども。いずれにせよ、この経験は直観内容に基づいた意識的な行為に自由という特徴を与えるのである。

## ●一九一八年の新版のための補遺の二

本書の論述は純粋に精神的な仕方で体験された直観的思考を基礎にしている。どんな知覚内容も、この直観的思考による認識を通して現実の中に移し入れられる。本書は直観的思考の体験によって洞察され得るものしか表現していない。そしてこの体験化された思考が求める思考内容しか扱っていない。この思考は認識の過程が自律的な体験であるように求め、知覚内容との関連の中で現実を体験する能力を否定しないように求める。ところが現実をこの体験の外での、推理しかできない世界の中に求め、人間の思考活動を単なる主観的なものであるとしか考えない人は多い。

思考の中には人間が現実の中へ精神的に参入することの出来る要素がある。（この思考体験に基づく世界観を単なる合理主義と混同してはならない。）けれども他方また、本書の精神全体から、知覚要素が思考によって把握されたときにはじめて現実の内容となり得るという立場が明らかになる。思考の外には、現実と呼べるものは存在しない。したがって感覚的知覚だけが現実を保証する、と考えてはならない。知覚内容として生じるものを、人間は人生の途上で期待し続ける。しかし次のように問うことはできる。「直観的に体験される思考の観点からみて、人間が感覚的なもの以外に精神的なものを知覚できると期待してもいいのか」。このことを期待してもいい筈である。なぜなら直観的に体験される思考は確かに人間の精神活動ではあるが、同時にそれは感覚器官なしでも把握できる精神的な知覚内容だからである。それは知覚する人自身がそこで活動しているところの知覚内容であり、自己活動が同時に自己知覚されているのである。直観の中で体験される思考においては、知覚する人間が精神界へ移されている。われわれは知覚内容としての世界の内部で、自分の思考が産み出す精神界を、精神的知覚世界として認識する。この知覚世界と思考との関係は、感覚的知覚世界と感覚との関係に似ている。それを体験する人間にとって、精神的知覚世界にはどこにも未知の部分が存在しない。なぜなら人間は直観的な思考の中で、すでに純精神的な性格をもった体験をしているからである。このような精神的知覚世界については本書が出版された後で出版された数多くの私の書物が取り上げている。『自由の哲学』はそのような後期の著作のための哲学的な基礎づけである。なぜなら本書は正しく理解された思考＝体験がすでに霊性＝体験であることを示そうと試みているからである。それ故『自由の哲学』の観点を真剣に受け容れることのできる読者は、霊的な知覚世界に参入する以前のところに立ち止まったりはしないと思う。勿論、本書の内容から同じ著者が後年の書物で述べているような事柄を論理的に導き出すことはできない。しかし本書が述べている意味での直観的思考を生きいきと理解することができれば、おのずと霊的な知覚世界に生きいきと参入することができるようになるであろう。

# 付録

# 付録Ⅱ——一九一八年の新版のための補遺

本書が出版された後まもなく、哲学の専門家から反対意見が出された。そこでこの新版のために、簡単ながら以下の文章を付け加えておこうと思う。本書の内容に興味を持たれた読者の中には、以下の事柄を駄足であり、余計な抽象的な思弁にすぎないと思う人がいると思うが、そういう読者はこの部分を読まずに残しておいてくれてもかまわない。けれども哲学的な世界考察においては、必要な思考過程によるのではなく、先入観に由来する問題がいくつも提出される。これまで本書で扱われてきた事柄は、人間の本質と世界に対するその関係とについて、明瞭な認識を得ようとするすべての人にとっての大切な問題であった、と私は思っている。けれども以下に述べる事柄は、本書のような内容を扱うときに特定の哲学者たちが取り上げることを要求する問題である。その哲学者たちの考え方は一般には存在しない特殊な難問を作り出している。そしてこの難問に触れることなく素通りしてしまえば、その人々はすぐにその態度を専門的でないかのように非難するのである。

そして本書が述べてきたような記述に対しても、著者がわざと触れずに避けて通ったと言われてしまう。

そこで私は次の点を指摘しておこうと思う。哲学者の中には、別な人の魂のいとなみが、自分（考察者）の魂のいとなみにどのような仕方で働きかけるのかを知ろうとするのは非常に困難だと考える人がいる。彼らは考える。「私の意識の中の世界は私の中で完結して存在している。他の人間の意識する世界も同様である。私は別な人の意識の世界へ入っていくことができない。一体どのようにして私は私と別な誰かとが共通の世界の中にいる、と認識できるのか」。意識の世界の中から無意識の世界を推論できると考える世界観は、この困難を以下のような仕方で解決しようとする。私が意識の中に持っている世界は、意識では認識できない無意識という現実世界を私の内部で代理している。私の意識世界の未知なる誘発者がこの現実世界の中に存在している。そこには私の真の本性も存在している。私は意識の中に、この本性の単なる代理人しか持っていない。しかしこの同じ無意識という現実世界の中には、私の隣にいる別な人の真の本性も存在している。さてこの別な人が意識の中で体験するものはすべて、この意識から独立して、その人の本性の中に対応する現実をもっている。この現実は意識化されえない領域で、私の無意識の本性に働きかけている。そしてそれによって、私の意識の中にはひとりの代理人がつくられる。それは私が意識的に体験する世界からまったく離れて無意識的に働いているものを代表している。このことからも分るようにこの考え方によれば、意識世界だけでなく、意識の働きによっては獲得され得ぬ世界も仮定されている。そうでなければ、私の眼の前にある外界のすべてが私の意識世界にすぎないと主張せざるを得なくなり、唯我論的な不条理を、つまり他の人たちも私の意識の内部で存在しているにすぎない、という不条理を生じさせるであろう。

近代の認識論によって何度も提出されたこの「不条理」の問いに明確な立場で答えるためには本書が述べているような、精神に即した観察の立場に立つことができなければならない。私が他の人に向き合うとき、いったい私はまず何を見るのか。私は眼前のものに眼を向ける。そこには知覚内容として相手の身体が感覚的に現れている。そして彼が語ることを私の聴覚が知覚する。それらの知覚内容のすべてを私はただ受容するだけではなく、同時に私の思考をも働かせる。思考を働かせながら他の人の前に立つとき、この人の知覚像はいわば魂の像となって透明に見えてくる。知覚内容を思考によって把握するとき、私は自分が外的な感覚的知覚として現れるものとはまったく異なるものを把握している、と自分に語らざるを得ない。感覚現象が直接あらわしているものの中に、間接的に存在する別なものが開示される。それが私の前に現れると、単なる感覚現象は消えてしまう。しかし消え去る中で、感覚現象は思考存在としての私を促して別の現象を生じさせるが、この現象は私の思考を消し去り、その代わりにその現象の思考を生じさせる。けれども私はその思考を、私の思考の内部で、まるで私自身の思考であるかのように体験する。私は別なものの思考を実際に知覚したのである。なぜなら感覚現象としては消え去っている直接の知覚内容は私の思考によって把握されており、そして私の思考の代わりに別な思考が生じる過程は完全に私の意識内での過程なのであるから。感覚現象が消え去ることによって、内と外の二つの意識界の区別が実際に止揚される。このことは私の意識内で生じるのだが、その際、他の人の意識内容を体験する私は、ちょうど夢のない眠りの中で自分の意識を体験しないように自分の意識を体験していない。夢のない眠りの中で私の昼の意識が排除されているように、他の人の意識内容を知覚するとき、私自身の意識内容は排除されている。このことがまるでそうでないかのように錯覚されている理由は、もっぱら次のことによる。すなわち他の人を知覚するときには、第一に自分の意識内容は消え去るが、眠りにおけるような無意識状態がそこに現れるのでなく、別の意識内容が現れるということ、第二に私自身の意識内容が消えたり再び現れたりする繰り返しがあまりにも速やかに交替するので、普通はそれに気づくことがないということである。――以上に述べた問題全体は、意識され得ないものを意識によって推論する、というような人工的な概念構成によっては解くことができない。そのためには思考と知覚内容との結びつきの中で生じるものを本当に体験しなければならない。このことは哲学文献の中で提出されている非常に多くの問題についても言えることである。哲学者は本来とらわれぬ精神的な観察への道を辿らなければいけないのだが、そうしようとはしないで、現実の手前に人工的な概念の構築物を打ち建ててしまう。

エドゥアルト・フォン・ハルトマンの論文「認識論と形而上学の究極的諸問題」(「哲学と哲学批判誌」第一〇八巻五五頁以下)において、私の『自由の哲学』が「認識論的一元論」の立場をとる哲学方向に組み入れられている。この立場はエドゥアルト・フォン・ハルトマンによってあり得ざるものとして否定されている。その理由は以下の通りである。——この論文の考え方によれば考え得る認識論の立場は三つしかない。まず第一は素朴な立場で、それは知覚された現象を人間意識の外にある現実の事物として受け取る。そこには批判的認識が欠けている。人間の意識内容がその人の意識の内部にしか存在しないことを理解しようとしない。「机そのもの」ではなく、自分の意識対象だけを問題にしていることに気がつかない。この立場に留まる人、または何らかの思索の結果、この立場に立ち返る人は素朴実在論者と言われる。けれどもこの立場は不可能である。なぜなら意識はまさに自分の意識対象だけを持っているのだから。次に、この点を洞察し、この事実を完全に受け容れてしまう人は、超越論的観念論者となる。けれども、そうなると「物自体」の何らかの部分が人間意識の中に顕れ得るということをも全面的に否定せざるを得ない。そしてそれを首尾一貫させると、絶対的錯覚主義から逃れられなくなる。なぜなら、われわれの対象世界が単なる意識対象の集まりになってしまうからである。しかも自分の意識対象の集まりにすぎなくなってしまうのである。不条理なことには、そうなると他の人たちもまた、自分の意識対象でしかなくなる。本当に可能な立場は第三の超越論的実在論だけなのである。この立場は「物自体」が存在することを認める。けれども意識が直接的な体験を通して物自体と関わることは決してできない、と考える。物自体は人間意識の彼方で、意識化されることなく、意識の中に意識対象が顕れるように働きかけている。この「物自体」に到るためには、もっぱら論理を一貫させて、体験され、そしてもっぱら表象された意識内容から推理していかなければならない。エドゥアルト・フォン・ハルトマンはこの論文の中で、私の立場をも含めた「認識論的一元論」が実際には以上の三つの観点のどれかに属している筈だ、と主張している。この一元論がそうしないのは、前提となるべき立場を本当に首尾一貫させていないからなのだという。そして次のように述べている。――「ここでいう認識論的一元論者が実際にはどのような認識論上の立場に属しているかを知ろうとするには、幾つかの問いかけをして、無理にでもそれに答えさせてみればよい。実際、そのような一元論者は誰でも、自分から進んでこのような問いかけに答えようとはしない。直接問いかけてみても、多分答えることに尻ごみをするであろう。これらの問いはどれ一つとっても、認識論的一元論者に上に述べた三つの内のどれかの立場に属さざるを得ないように仕向けるであろう。そのような問いとは以下の通りである。一、事物はその状態において持続的であるか、それとも間歇的であるか。答えが持続的であるというのならば、素朴実在論の形式をとらねばならなくなる。間歇的であるという場合には、超越論的観念論の立場になる。しかし、或る面では（絶対意識の内容として、無意識的な表象として、あるいは知覚の可能性として）持続的であり、別な面では（制限された意識内容として）間歇的である、と答えるならば、そこにははっきりと超越論的実在論の立場が顕れている。――第二に、三人の人が同じテーブルの前に坐っているとき、そこに幾つの机の存在形態があるか。一つ、と答える人は素朴実在論者であり、三つ、と答える人は超越論的観念論者であるが、四つ、と答える人は超越論的実在論者である。勿論その場合、物自体としての机と三人の意識内の知覚対象である三つの机という、まったく異なったものを「机の存在形態」という言い方で一括している。この言い方があまりに大雑把すぎると思う人は、「四つ」と言う代わりに、「一つと三つ」と答えねばならないであろう。第三の問いは、ふたりの人が部屋にいたときに、この人たちの存在形態は幾つあるか、である。二つ、と答える人は素朴実在論者であり、四つ、すなわちひとりの意識の中の自分と相手、と答える人は超越論的観念論者である。しかし六つ、すなわち物自体としてのふたりと、二つの意識における自分と相手の四つの表象対象、と答える人は超越論的実在論者である。認識論的一元論を以上に述べた三つの立場とは異なる立場だと主張する人は、この三つの問いのどれかに対して別の答えを用意しなければならない。けれどもそれがどのような答えになるのか、私は知らない」。――『自由の哲学』の答えは次のようになるであろう。第一に、事物についての知覚内容だけを取り上げ、それだけを現実と考える人は素朴実在論者である。そしてその人は本来、自分が事物を見ている限りにおいてのみ、この知覚内容が存在しているということを、明瞭に理解していない。つまり眼の前に対象としているものが間歇的であると考えなければならないことをその人は理解していない。思考作業を通して把握された知覚内容だけが現実に存在するものなのだということさえ理解できれば、間歇的に顕れる知覚内容が思考作業によって持続的になることを洞察することができるであろう。したがって持続的と言えるものは、体験された思考が把握する知覚内容であり、もっぱら知覚されるだけのものは、もしそれが現実に存在するとしても、——そんなことはあり得ないのだが——間歇的にしか存在しないと考えられるであろう。第二の問い、三人が同じテーブルの前に坐っているときに、テーブルの存在形態は幾つあるかであるが、答えは、「ただ一つの机しか存在しない」である。しかしその三人がそれぞれの知覚像に固執しようとする限り、その三人は「この知覚像はそもそも現実ではない」と言わねばならない。しかしその知覚像がそれぞれの思考によって把握された「机」になるや否や、机の唯一の現実が三人のそれぞれに開示される。三人はそれぞれの三つの意識内容をもって、この唯一の現実に結びつくのである。第三の問い、ふたりが部屋にいるとき、このふたりの存在形態は幾つあるか、であるが、超越論的実在論者の意味においても、六つの存在形態がある筈はまったくない。あってもそれは二つだけである。ただ、ふたりのそれぞれははじめに自分と相手についての、まだ現実的であるとは言えない知覚像をもつ。この像についていえば、四つが数えられるが、ふたりの人の思考がその像に働きかけ、現実の認識を生じさせる。この思考活動を通して、ふたりのそれぞれが自分の意識領域に働きかける。そして自分と相手の姿がこの思考活動の中で顕れる。その結果、ふたりの人物の意識は眠りの中でのように、互いに閉ざされ合うことがもはやなくなる。他の場合においてのみ意識が相手の意識領域との結びつきから離れる。このようにして、思考体験の中でふたりのそれぞれの意識が自分と相手とを把握する。超越論的実在論者はこのことを、素朴実在論への回帰であると言って非難するかも知れない。しかし私はすでに本書の中で、素朴実在論の考え方は体験された思考に関しては正当であると述べた。超越論的実在論者は認識過程におけるこの本当の事実関係をまったく顧慮しようとしない。ひたすら思考の糸だけを紡《つむ》ぎ出し、この事実関係を排除して、自分で紡ぎ出したものの中に閉じこもる。『自由の哲学』に代表される一元論は「認識論的」と形容されるべきでない。形容詞をつけるのなら、「思考内容の一元論」とすべきである。これらすべてはエドゥアルト・フォン・ハルトマンによって誤解されている。彼は『自由の哲学』が表現している独自な立場に眼を向けようとはせず、私がヘーゲルの普遍主義的な汎論理主義とヒュームの個体主義的な現象主義とを結合しようと試みているかのように主張している（前掲誌一〇八巻七一頁の註）。けれども『自由の哲学』は、結合しようと試みている筈のこの二つの立場と実際は何の関わりも持っていない。私が例えばヨハネス・レームケの「認識論的一元論」と対決しようとしなかった理由もここにある。エドゥアルト・フォン・ハルトマンその他が認識論的一元論と呼ぶものと『自由の哲学』の立場とはまったく別のものなのである。

## 付録＝二

以下に本書の初版に一種の「序言」として掲載されていたものの本質部分をすべて再録しておく。そこには二十五年前に本書を書き下ろしたときの思考の気分が、本書の内容に直接関わる事柄よりももっと表面に出ているので、その部分を「付録一」としてここに加えることにした。それを全部削除しない理由は、私が後年の霊学的著述のために、初期の著述の或る部分をわざと隠蔽しようとしている、という非難が繰り返して現れているからである。註

**註** ここでは本書の初版の一番最初の部分を削除した。私にはその部分が今日ではまったく非本質的に思えるからである。しかしその後に述べられているものは、現在の同時代人の自然科学的思考方向にも拘らず、否むしろその方向故に、語る必要がある、と私には思える。

われわれの時代には真理もまた人間存在の深みの中から取り出されることだけを望んでいる。よく知られているように、シラーは二つの道について語っている。

わたしたちふたりは真理を求める。
あなたは外なる人生の中で、わたしは内なる心の中で。
そして銘々がそれを見出す。
眼が健全であれば、その眼は外で造物主に出会う。
心が健全ならば、その心は内部に宇宙を映し出す。

この二つの道のうち、現代は特に第二の道を役立たせようとしている。外からやってくる真理は常に不確かさの刻印をあらわしている。われわれひとりひとりの内部に真理として現れるものだけを、われわれは信じようとしている。

われわれ自身の個的な能力の発展の中で、真理だけがわれわれに確かさをもたらしてくれる。懐疑に陥っている人の能力は麻痺している。謎としか思われぬ外なる世界の中では、創造行為の目標を見出すことができない。

われわれはもはや信じようとは思わない。知りたいと思う。信仰は、われわれ自身によっては完全に洞察できないような真理を、承認するように求める。けれども見通すことのできぬものは個体の要求に逆らう。個的なものはすべて自分の最も深い内なるものに従って生きようと望む。ただ知ることだけがわれわれを満足させてくれる。それはどんな外的な規範にも服従せず、人格の内なる生活から生み出されてくる。

凍りついてしまった学則の中で作り上げられた知識も欲しいとは思わない。あらゆる時代に当てはまるようなハンドブックの中にしまい込まれた知識も同様である。ひとりひとりが手近な経験から、直接的な体験から出発して、そこから宇宙全体を認識するところまで上っていくことを可能にしてくれるすべてのものを正当なものと認める。われわれは確かな知識を得ようと努めるが、それぞれが独自な仕方でそうするのである。

また、われわれの学説は、もはやそれを認知することが無条件の強制を伴うような形を取ってはならない。われわれは学問上の著述にかつてフィヒテが選んだ次のような標題を与えようとは思わない。すなわち「最近の哲学の本質についての一般大衆のための太陽のように明瞭な報告。読者に理解を強要する試み」。今日では誰も理解を強要されたいとは思わない。われわれも本当に知りたいと思っていない人に、知らせようなどとは思わない。現代人であるわれわれは、まだ未熟な子どもにさえも、特定の認識内容を植えつけようなどとはしない。ただ子どもの能力を発達させようと望む。そうすることで、その子が理解を強要されることなく、理解したいと望むようになるためにである。

自分の時代のこの性格づけに関して、私は決して幻想を持っているわけではない。個性を失った紋切り型がどれ程多くまかり通っているか、よく知っている。けれどもまた、同時代人の多くがこれまで述べてきた方向で人生を開拓しようと努めていることもよく知っている。このような人たちにこそ本書を捧げたいと思う。本書は真理への「ただ一つの可能な」道を示そうとするのではない。真理を求め続ける人のための進むべき道について物語ろうとしている。

本書は最初、抽象的な領域に入っていく。そこでは思考内容が鋭い輪郭づけを受けなければならず、それによって確実な点に到らねばならない。しかし読者はこのひからびた諸概念から具体的な人生の中へも導かれる。人生のあらゆる方向を生きようと望むならば、抽象化というエーテルの国の中へも入っていかざるを得ない、というのが私の立場なのである。感覚で享受できるものだけを享受しようとする人は人生の美味を知らない。東洋の学者は弟子に最初の数年間、断念と禁欲の生活を送らせる。そしてその後になってはじめて、自分の知っている事柄を伝える。西洋の学問はそのような畏敬の行も苦しみの行も、もはや要求しないが、その代わり善き意志と、僅かな間でも生活の生まな印象から離れて、純粋な思考世界の領域へ赴くことを要求している。

人生には数多くの領域がある。その一つ一つの領域のために特殊科学が発達を遂げている。しかし人生そのものはひとつの統一体であり、個別領域の中で深化していこうと努めれば努める程学問は生きた世界全体の認識から離れていく。再び人間に充実した人生を返してくれる諸要素を個別科学の中に求めようとする知の在り方が必要である。専門的な研究者は認識内容を通して、世界の諸活動を意識化しようと望んでいる。本書は、学問それ自身が有機的に生きいきとならなければならない、という哲学的な目標を掲げる。個別科学は本書が求める学問の前段階に立っている。芸術にも同じような状態が見られる。作曲家は作曲法の基礎の上に立って仕事をする。作曲法というのは、知識のひとつの総体であり、それを所有することが作曲上の必要な条件となっている。作曲するとき、作曲法の諸規則は人生という現実に仕えている。それと同じ意味で哲学もひとつの芸術である。真の哲学者はすべて概念芸術家であった。彼等にとって人間の諸理念は芸術素材になり、学問の方法は芸術技法になった。このことを通して、抽象的な思考は具体的で個的な生命を獲得する。理念は生命力となる。その時、われわれは事物についての知識を持つだけでなく、その知識を自己制御の能力を持った生きた有機体にまで作り上げたのである。われわれの活動的な現実意識はもっぱら受動的に真理を受け容れる以上の課題を背負っている。

芸術としての哲学が人間の自由とどのような関係を持つのか、人間の自由とは何か、われわれは自由を持っているのか、あるいは自由になることができるのか、これらが本書の主要問題である。それ以外のすべての学問上の問題は、人間にとって最も身近なこれらの問題の解明に役立つ限りにおいてのみ取り上げられる。ひとつの「自由の哲学」が以下の紙面の中で描かれる筈である。

すべての学問は、もしそれが人格の存在価値を高めるために努力するのでなければ、無用な好奇心の満足に役立つものでしかないであろう。学問が本当の価値を持つのは、その成果が人間存在にとって意味あるものとなったときである。魂の個々の能力を高めることではなく、われわれの中にまどろんでいるすべての能力を発展させることが個体の究極目的なのである。知ることは人間本性全体のあらゆる面での発展に寄与する時にのみ、価値を持つ。

それ故本書は、人間が理念に頭を下げるべきであるとか、人間の能力を理念のために奉仕させるべきであるとか主張するつもりはなく、人間が理念界を自分のものにして、単なる学問的な目標を越えた人間的な目標のためにこれを用いることができるように、学問と人生との関係を考察するのである。

われわれは体験しつつ理念に向き合うことができなければならない。そうでないと、自分を理念の奴隷にしてしまうことになる。

# 訳者あとがき

ルドルフ・シュタイナー（一八六一年―一九二五年）の哲学上の主著『自由の哲学』は、一八八〇年代の末から一八九〇年代のはじめにかけて構想が練られ、一八九四年の春、著者三十二歳の時に初版が出された。その後久しく絶版のまま放置されていたが、一九一八年に新版が出され、その際部分的には大幅の加筆訂正がなされ、特に章の終りに詳しい補遺がつけられた。本書はその新版（ただし使用したテキストは一九五五年版の単行本と一九七三年版改訂全集本による一九八一年の文庫本）の全訳であるが、新版では初版の第一章が省略され、その後半部分だけが付録二として最後に加えられているので、この第一章をそのまま生かして、冒頭の「新版のためのまえがき」の後に訳出して付加した。ちょうど一世紀前の一九世紀末に若きシュタイナーが力をこめて、いわば宣言のように記したメッセージが、今日のわれわれにも重要な意味をもっていると思うからである。したがって本書では、初版第一章と付録二の後半部分に同じ内容が収められている。（ただし最後の一節だけは語句に若干の相違がある。）

さて一八九〇年の秋、二十九歳のシュタイナーはウィーンからワイマールへ居を移し、ゲーテ文庫（後のゲーテ・シラー文庫）で自然科学部門担当の非常勤所員として働くことになった。そしていわゆるソフィー版ゲーテ全集のために次々に新しい資料を紹介する傍ら、学位論文「真理と学問」を書き、続いて特に一八九三年には集中して本書『自由の哲学』と取り組み、同年十二月には印刷も終わり、翌年春、ベルリンのエミール・フェルバー出版社から上梓された。

この時期はニーチェの著書が時代の脚光を浴びはじめた頃であり、世紀末の爛熟した文化の開花期であったが、シュタイナー自身の生涯にとっても大切な時期に当たっていた。一八九三年から九四年春にかけては、彼の生涯のちょうど中間地点なのである。彼はそれまでの三十二年の人生と残された三十二年間との中間地点に立って、ひたすら「時代」の中に深く沈潜しようとしていた。彼が時代の流れの最先端に位置して、どれくらい時代精神を自分の中に作用させようとしていたか、当時の彼の書簡の中からはっきりと読み取ることができる。――

「……ただいま出版されたばかりの小著『自由の哲学』が出版元であるベルリンのエミール・フェルバー社を通してお手もとに届いたことと存じます。この書の中で私は個体主義の世界観を科学的な仕方で基礎づけようと試みたのですが、これを貴方にお送りさせていただこうと存じました。私の考えでは、本書の第一部はシュティルナーの人生観のための哲学的基礎工事を行おうとしております。『自由の哲学』の後半部で、私はそれまでの前提を倫理学的に首尾一貫させましたが、この部分は私の信じますところでは、『唯一者とその所有』の論述と完全に一致しております。また「自由の理念」の章の終わりでは、個体と社会との関係についても、近代自然科学からもシュティルナー哲学からもひとしく受け容れられる事柄を論じたつもりです」（ジョン・ヘンリー・マッケイ宛一八九三年十二月五日付――『若きシュタイナーとその時代』平河出版社二一七頁）。

「……尊敬するシュペヒト夫妻様、ご厚情の数限りない思い出の中でも、私には読者としてのお二人の姿が特別ありがたく感じられてなりません。もしこの本の中に、以前に書きましたものよりももっと進歩した思想を認めていただけるなら、どんなに心が満たされることでしょう。哲学書はいつでも二つの顔をもっています。第一にそれは時代の科学的思考方法の鏡ですが、第二に時代の一般教養の鏡でもあります。哲学ほど一般的な時代理念に直接触れる機会のもてる学問分野はありません。ですから哲学は政治と同じ意味で保守的、時には反動的にさえなりうるのです。もしお二人が私の思考方向に「すぐれて進歩的で自由な」という形容詞をつけることに反対なさらないならとても嬉しく存じます。エドウアルト・フォン・ハルトマンが保守的と呼ばれるのと同じ意味で、私は進歩的な哲学者と呼ばれたいのです」（パウリーネ・シュペヒト、ラディスラウス・シュペヒト夫妻宛一八九三年十二月九日付――同書二一八―九頁）。

当時のシュタイナーは、同時代人としては、ニーチェとヘッケルとエドゥアルト・フォン・ハルトマンの三人を特別尊敬していた。いずれも偉大な自由主義者であり、個のために集団と戦い、自由のために権威を否定して戦った「時代の闘士」だった。彼らが、そしてすでにその半世紀も前にマクス・シュティルナーやフォイエルバッハが闘いとろうとしていた「自由」の問題は、何百年単位の壮大な歴史的転換期の主要課題であると思う。だからその百年後の今日、この課題は課題として生き続けているどころか、世界的な規模での「人類の問題」になっている。シュタイナーが本書の中で行った試みは、それ故単なるドイツ哲学史上の問題にとどまらず、今や全人類にとっての切実な課題に応えている。

現代人の魂は今、大自然との関わりにおいても、個人の意識との関わりにおいても、ぎりぎりのところにまで追いつめられ、孤立無援の状態におかれていると思わざるをえない。今眼の前に現存する世界と人間についてなら、認識の力がそれを正確に映し出し、それに説明を加えることは可能であろう。けれどもその認識の力はどこか受け身であり、不十分であり、したがって存在の表面をなでまわしているにすぎない、という思いがますます強くなってくる。われわれがここにおり、外なる存在世界がそこにあるとき、自分と対象との間にうまく橋がかけられているとは信じられなくなっている。

常識的には、外なる対象世界と内なる表象世界との間に一致点が見出せるとき、そこに真実な認識があると考えるのだが、そのような外なる世界と内なる世界がひとつに重なり合うときの意識の在り方が決して好ましいものとは思われなくなっている。その反対に、内なる世界が限りなく外なる世界から逸脱していけばいく程、内的充実感がもてる。だから幻想文学、幻想絵画が好まれ、幻覚剤の愛好者がふえ、そして認識が真実に近づけば近づく程、内的生活が索漠としてくる。

そこでオカルト的な認識が登場する。この立場は人間の魂が自分自身並びに外なる世界を本当に体験するためには、通常の見方、通常の意識の在り方では不十分であり、別の見方、別の意識の在り方を獲得しなければならない、と教える。そしてそれを可能にするために、人間の魂が特別の進化を遂げなければならない、と言う。通常の知覚体験、通常の悟性や判断力を克服して、魂の中に萌芽として存在している超感覚的認識の力を育成しなければならない、と言う。

けれどもそうする前に、私たちの通常の知覚体験や思考活動そのものが、まだあまりに受け身であり、安易な在り方をしている以上、先にもっとなすべきことがあるのではないか。

本書『自由の哲学』を構想し執筆していた頃のシュタイナーは、まさにこのような問題を抱えて、ワイマールのゲーテ文庫に通っていた。現代における魂の問題の本質が「自由」をめぐる問題の中に集中的に表現されている、外なる世界、外なる法則性と内なる道徳性との間に横たわる深淵は、ただ自由な魂だけがこれに橋をかけることができる、と彼は感じていた。

それにも拘らず、近代的思考は言語の文法構造の分析と意味の厳密な規定を繰り返しながら、経験世界に対応する観念世界の構築にばかり気をとられている。そこには自由な感覚の働く余地はなく、自由の衝動は——各人の中に、したがって哲学者の中にも本来生きて働いている筈なのに——近代的思考そのものによって窒息させられそうになっている。

そのような実感をもったときに本書をひもとくと、すぐに気がつくのは、論述そのものに自由の精神が宿っていることである。本書の論述は他のどんな文献や専門的予備知識にも頼っていない。「この本はこれこれの文献、これこれの学者を知らなければ、理解できない」というような、よく聞かされる言い方も、ここでは一切不必要である。いろいろな引用が為されていても、本書全体の構成の一環として組み込まれているので、その引用文だけで前後の関連はまったく透明に見通せるように配慮されている。読者はひたすら自由に、自分の思考力だけに頼って、本書に取り組むことができる。

本書が「自由」を論じているだけでなく、本書の在り方そのものが「自由」を表しているということ、この点に本書のもっとも大きな特徴がある。その意味でこの『自由の哲学』とシュタイナーの神秘学上の主要作『神智学』や『神秘学概論』とを比較する読者は、その思想内容ではなく、その思考方式において、両者がまったく一致していることを感じとることができる。それは同じ著者の作品である以上当然のことであるが、今日までこの二つがまるで異質の思想であるかのように語られてきたのである。

しかしシュタイナー自身がすでに、本書『自由の哲学』を神秘学への最良の入門書と考えている。実際、本書は近代神秘学が通過しなければならない「伝授の門」への参入を意図しているとも言える。なぜなら、すべての神秘学は、それが現代人の魂の要求に応えようとするのであれば、時代の要請としての「意識化すること」の意味を、つまり自由であることの意味を理解していなければならないからである。意識を受け身の状態におき、意識の光を暗くすることによって脱魂や憑霊を体験するのではなく、意識を明るく輝かせることによって、自分の中に宇宙を体験しようとする。そして意識を明るくすることと、精神の自由を獲得することが同一であることを示そうとする。意識の光を輝かせるとは、自己意識的な自我が思考を働かせることに他ならないが、自我が思考の中で生きるとき、自我は主観的な観念の中を遊泳するだけでなく、宇宙の中を生き始める。最も内なる思考体験と大宇宙のいとなみとの同一性を、『自由の哲学』は明らかにしようとする。「思考行為においてこそ、宇宙の秘密の一端を摑むことができるのである」(本書六三頁)。

晩年、神秘学者としてのシュタイナーは好んで『自由の哲学』のことを話題にしたが、その中には以上に述べたことに関しても重要な言及が数多く見られる。この「あとがき」

の最後に、それらの中から二つだけ、重要な箇所を紹介しておきたい。――

「私は自由を、宇宙過程を表す概念として論じようとしました。人間の内部には、地上的なものだけでなく、壮大な宇宙過程も働いているのです。このことを感じとれる人だけが自由を理解でき、自由を正しく感じとれる、ということを（『自由の哲学』の中で）示そうとしました。この宇宙過程が人間の内部に取り入れられて、その内部で生かされるときにのみ、そして人間の最も内奥のものを宇宙的なものと感じるときにのみ、自由の哲学へ到ることができるのです。近代自然科学の教えに従って、自分の思考を外からの明確な基準によって計ろうとする人は、自由の哲学に到ることができません。どんな大学においても、外的な基準に頼って思考するように人びとが教育されていることは、私たちの時代のまさに悲劇です。私たちはそれによって、すべての倫理、社会、政治の問題において、多かれ少なかれ、どうしていいか分らなくなっています。なぜなら外的な明確さを頼りにして思考するのであれば、人間の行動のために思考を働かせようとするとき、思考が『直観』にまで高まる程に、自分を内的に自由にすることはできないからです。ですからこの外的に依存した思考によって、自由の衝動は排除されてしまうのです。……自然法則や社会的因襲の強制から脱して、自由な精神になることが、究極の倫理的目標なのです」（『歴史的徴候学』一九一八年十月二十七日の講演より）。

「今日の私の話は、まず次のような問いかけから始めようと思います。――現代人はどのようにして魂の道を生活の道と一致させ、調和させることができるのか。

長年かけて、一八八〇年代末から一八九〇年代の初めにかけて構想を練り、一八九四年に出版した私の『自由の哲学』の執筆中にも、この問いが私の念頭から去ることはありませんでした。実際、この『自由の哲学』は、今日私が問題の出発点として取り上げた人類の運命の問いに答えるために書かれたのです。……現代を生きる人間は、現代の大きな社会要求に直面して、自由への希求という近代社会におけるもっとも重要な社会要求に、どのように応えることができるのでしょうか。その際考えておく必要があるのは、自由の理念と自由の衝動を追求するこれまでのやり方はすべて失敗だったということです。『一体人間は生まれつき自由な存在なのか』と人びとは問いました。この問いは、現在ではもう陳腐になってしまっています。今日ではむしろ次のように問うべきです。『人間は子どもの時から大人になるまでの間に、自由な存在であると実感できるような社会秩序を建設できるのか』。人間が自由な存在に生まれついているかどうかを問うのではなく、自分の存在の奥深くにまどろむものを無意識の底から意識の明るみへ引き出し、それによって自由な存在を自分の中で育て上げることが人間にできるかどうかを問うのです」（『魂の問いと生活の問い』一九二〇年六月十五日の講演より）。

# 文庫版のための訳者あとがき

本書『自由の哲学』のすごさは、個人主義の立場に徹底してこだわりながら、幾何学の証明問題のように、純粋な思考作業を続けるなかで、ノヴァーリスの『夜の讃歌』やC・D・フリードリヒの心象風景やベートーヴェンの「アン・ディ・フロイデ」から訴えかけてくる、眼に見えぬ力の本質に迫っていることにあると思います。読者はまったく自由な心を保ちながら、眼もくらむような、思想の高みへ誘《いざな》われます。シュタイナー自身がしばしば誇りをもって語っているように、マクス・シュティルナー、エルンスト・ヘッケル、フリードリヒ・ニーチェの自由な精神を受けつぎながら、その精神を神秘学の門前にまで届けています。

シュタイナーの神秘学は、そのような自由の精神の下に、測り知ることのできない生存の秘密に迫っているのですが、『いかにして超感覚的世界の認識を獲得するか』(ちくま学芸文庫)では、日常生活の中で汚染されている個人の感情を純化することで、内面との新しい出会いを可能にしています。そして『神智学』（同文庫）は、「純粋で、水晶のような透明な思考の内容」（四三頁）によって、読者を存在の高次の領域へ導こうとしています。さらに『神秘学概論』（同文庫）は、宇宙意志をめぐって、過去から未来への目のくらむような、壮大な進化のプロセスを描いています。

それに対して本書は、思考そのものに内在する生命力、神的なまでの創造力を、読者が直接体験できるように、つまり自由であることの意味を直接体験できるように試みられているのですが、そのために読者の思考力に挑戦しようと、いろいろな仕掛けが随所に用意されています。

シュタイナーの以上の四大著書が今、文庫本として手軽に入手できるようになりました。このことを訳者は心から喜んでおります。今回も編集を引きうけてくれた渡辺英明さんに感謝いたします。

高橋　巖

二〇〇二年六月二〇日　町田にて

本書の初版は一九八七年十二月二十七日、イザラ書房から刊行された。

神秘学概論
ルドルフ・シュタイナー
高橋巖訳

宇宙論、人間論、進化の法則と意識の発達史を綴り、シュタイナー思想の根幹を展開する——四大主著の一冊、渾身の訳し下し。（笠井叡）

神智学
ルドルフ・シュタイナー
高橋巖訳

神秘主義的思考を明晰な思考に立脚した精神科学へと再編し、知性と精神性の健全な融合をめざしたシュタイナーの根本思想。四大主著の一冊。

いかにして超感覚的世界の認識を獲得するか
ルドルフ・シュタイナー
高橋巖訳

すべての人間には、特定の修行を通して高次の認識を獲得できる能力が潜在している。その顕在化のための道すじを詳述する不朽の名著。

自由の哲学
ルドルフ・シュタイナー
高橋巖訳

社会の一員である個人の究極の自由はどこに見出されるのか。思考は人間に何をもたらすのか。シュタイナー全業績の礎をなしている認識論哲学。

治療教育講義
ルドルフ・シュタイナー
高橋巖訳

障害児が開示するのは、人間の異常性ではなく霊性である。人智学の理論と実践を集大成したシュタイナー晩年の最重要講義。改訂増補決定版。

人智学・心智学・霊智学
ルドルフ・シュタイナー
高橋巖訳

身体・魂・霊に対応する三つの学が、霊視霊聴を通じた存在の成就への道を語りかける。人智学協会の創設へ向け最も注目された時期の率直な声。

ジンメル・コレクション
ゲオルク・ジンメル
北川東子編訳
鈴木直訳

都会、女性、モード、貨幣をはじめ、取っ手や橋・扉にまで哲学的思索を向けた「エッセーの思想家」の姿を一望する新編・新訳のアンソロジー。

私たちはどう生きるべきか
ピーター・シンガー
山内友三郎監訳

社会の10％の人が倫理的に生きれば、政府が行う社会変革よりもずっと大きな力となる——環境・動物保護の第一人者が、現代に生きる意味を鋭く問う。

自然権と歴史
レオ・シュトラウス
塚崎智／石崎嘉彦訳

自然権の否定こそが現代の深刻なニヒリズムをもたらした。古代ギリシアから近代に至る思想史を大胆に読み直し、自然権論の復権をはかる20世紀の名著。

生活世界の構造
アルフレッド・シュッツ／トーマス・ルックマン
那須壽監訳
「事象そのものへ」という現象学の理念を社会学研究で実践し、日常を生きる「普通の人びと」の視点から日常生活世界の「自明性」を究明した名著。

死と後世
サミュエル・シェフラー
森村進訳
われわれの死後も人類が存続するであろうこと、それは想像以上に人の生を支えている。二つのシナリオをもとに倫理の根源に迫った講義。本邦初訳。

哲学ファンタジー
レイモンド・スマリヤン
高橋昌一郎訳
論理学の鬼才が、軽妙な語り口ながら、切れ味抜群の思考法で哲学から倫理学まで広く論じた対話篇。哲学することの魅力を堪能しつつ、思考を鍛える！

ハーバート・スペンサーコレクション
ハーバート・スペンサー
森村進編訳
自由はどこまで守られるべきか。リバタリアニズムの源流となった思想家の理論の核が凝縮された論考を精選し、平明な訳で送る。文庫オリジナル編訳。

ナショナリズムとは何か
アントニー・D・スミス
庄司信訳
ナショナリズムは創られたものか、それとも自然なものか。この矛盾に満ちた心性の正体を、世界的権威が徹底的に解説する。最良の入門書、本邦初訳。

日常的実践のポイエティーク
ミシェル・ド・セルトー
山田登世子訳
読書、歩行、声。それらは分類し解析する近代的知が見落とす、無名の者の戦術である。領域を横断し、秩序に抗う技芸を描く。（渡辺優）

反解釈
スーザン・ソンタグ
高橋康也他訳
《解釈》を偏重する在来の批評に対し、《形式》を感受する官能美学の必要性をとき、理性や合理主義に対する感性の復権を唱えたマニフェスト。

ウォールデン
ヘンリー・D・ソロー
酒本雅之訳
たったひとりでの森の生活。そこでの観察と思索の記録は、いま、ラディカルな物質文明批判となり、精神の主権を回復する。名著の新訳決定版。

聖トマス・アクィナス
G・K・チェスタトン
生地竹郎訳
トマス・アクィナスは何を成し遂げたのか。一流の機知とともに描かれる人物像と思想の核心。専門家からも賞賛を得たトマス入門の古典。（山本芳久）

**論語**

土田健次郎訳注

至上の徳である仁を追求した孔子の言行録『論語』。原文に、新たな書き下し文と明快な現代語訳、解釈史を踏まえた注と補説を付した決定版訳注書。

**声と現象**

ジャック・デリダ
林好雄訳

フッサール『論理学研究』の綿密な読解を通して、「脱構築」「痕跡」「差延」「代補」「エクリチュール」など、デリダ思想の中心的〝操作子〟を生み出す。

**歓待について**

ジャック・デリダ
アンヌ・デュフールマンテル序論
廣瀬浩司訳

異邦人＝他者を迎え入れることはどこまで可能か？ギリシャ悲劇、クロソウスキーなどを経由し、この喫緊の問いにひそむ歓待の（不）可能性に挑む。

**動物を追う、ゆえに私は（動物で）ある**

ジャック・デリダ
マリ＝ルイーズ・マレ編
鵜飼哲訳

動物の諸問題を扱った伝説的な講演を編集したデリダ晩年の到達点。聖書や西洋哲学における動物観を分析し、人間の「固有性」を脱構築する。（福山知佐子）

**省察**

ルネ・デカルト
山田弘明訳

徹底した懐疑の積み重ねから、確実な知識を探り世界を証明づける。哲学入門者が最初に読むべき、近代哲学の源泉たる一冊。詳細な解説付新訳。

**哲学原理**

ルネ・デカルト
山田弘明／吉田健太郎／久保田進一／岩佐宣明訳・注解

『省察』刊行後、その知のすべてが記された本書は、デカルト形而上学の最終形態といえる。第一部の新訳と解題・詳細な解説を付す決定版。

**方法序説**

ルネ・デカルト
山田弘明訳

「私は考える、ゆえに私はある」。近代以降すべての哲学は、この言葉で始まった。世界中で最も読まれている哲学書の完訳。平明な徹底解説付。

**社会分業論**

エミール・デュルケーム
田原音和訳

人類はなぜ社会を必要としたか。社会はいかにして発展するか。近代社会学の嚆矢をなすデュルケーム畢生の大著を定評ある名訳で送る。（菊谷和宏）

**公衆とその諸問題**

ジョン・デューイ
阿部齊訳

大衆社会の到来とともに公共性の成立基盤は衰退した。民主主義は再建可能か？　プラグマティズムの代表的思想家がこの難問を考究する。（宇野重規）

ちくま学芸文庫


自由《じゆう》の哲学《てつがく》

二〇〇二年七月十日　第一刷発行
二〇二四年三月十五日　第十二刷発行

著　者　ルドルフ・シュタイナー
訳　者　高橋　巖（たかはし・いわお）
発行者　喜入冬子
発行所　株式会社　筑摩書房
東京都台東区蔵前二―五―三　〒一一一―八七五五
電話番号　〇三―五六八七―二六〇一（代表）
装幀者　安野光雅
印刷所　三松堂印刷株式会社
製本所　三松堂印刷株式会社





ISBN978-4-480-08714-0 C0110